Quarks, Quanten und Satori

Titel der Originalausgabe:
From Science to God –
The Mystery of Consciousness and the Meaning of Light

Herausgegeben von:
Peter Russell, Sausalito, CA
2000

Übersetzung:
Barbara Diederichs

Lektorat: Hans-Jürgen Zander
und Jutta Oppermann

Typografie und Satz:
Wilfried Klei
Umschlaggestaltung:
Shivananda Ackermann
Druck & Verarbeitung:
Westermann Druck Zwickau

Deutsche Ausgabe:

1. Auflage 2002
Die Deutsche Bibliothek – CIP-Einheitsaufnahme

Ein Titelsatz für diese Publikation
ist bei der Deutschen Bibliothek erhältlich

ISBN 3-933496-60-8

Peter Russell

Quarks, Quanten und Satori

Wissenschaft und Mystik:
Zwei Erkenntniswege treffen sich

Mehr als von allem anderen hängt die Zukunft der Zivilisation davon ab, inwieweit die beiden kraftvollsten Mächte der Geschichte – Wissenschaft und Religion – es vollbringen, zueinander in Beziehung zu treten.

Alfred North Whitehead

Danksagung

Zu diesem Buch haben viele Menschen maßgebliche Beiträge geleistet. Julie Donovan, meine Projektleiterin, hat mich unaufhörlich ermutigt, und nachdem ich als Autor den Text abgeschlossen hatte, war sie es, die alle sich anschließenden Arbeiten auf sich genommen hat – angefangen vom Kopieren der Ausgabe über das Gesamt- und Seiten-Layout bis zum Druck.

Zorica Gojkovic's Unterstützung ist gar nicht hoch genug zu bewerten. Sie hat die endgültigen Entwürfe mit mir sorgfältig durchgesehen, sie ebnete die Struktur und bereinigte den Sprachfluss, so dass das Buch viel lesbarer wurde.

Tinker Beatty hat verschiedene Stationen des Buches begleitet und die wertvollen Erfahrungen ihrer eigenen schriftstellerischen Erfahrung eingebracht.

Bocarra Legendre, Christian de Quincey, Cynthi Alves, Dewitt Jones, Karen Malik und Dave Emmer haben mir verständlichen und äußerst hilfreichen Rat in Bezug auf die unterschiedlichen Buchversionen gewährt.

Ich bin dem ‚Fetzer Institute' sehr dankbar, denn dessen großzügiges Stipendium gestattete es mir, meine Zeit uneingeschränkt dem Schreiben zu widmen, so dass ich das Buch viel zeitiger abschließen konnte, als es ansonsten möglich gewesen wäre.

Zu guter Letzt möchte ich allen Mitarbeitern des ‚Institute of Noetic Sciences' für die mir gewährte unermüdliche persönliche Unterstützung danken.

Einführung

Es war im Frühjahr 1996; ich war zu einem kleinen Seminar in die kalifornischen Redwoods eingeladen worden. Es ging um die Evolution des Bewusstseins. Während ich nun dasaß und mir die unterschiedlichen Debatten über die Natur des Bewusstseins, die jüngsten Entdeckungen der Neurochemie und die Theorien über den Ursprung des Bewusstseins anhörte, wurde ich immer frustrierter. Ich wollte sagen: „Aber das verdreht doch alles!" – oder etwas in dieser Art. Doch ich war nicht in der Lage, meine negativen Empfindungen zusammenhängend und begründet zum Ausdruck zu bringen – was bei solchen Zusammentreffen unbedingt erforderlich ist, wenn man ernst genommen werden will. Daher biss ich die Zähne zusammen und blieb ein frustrierter Teilnehmer.

Einige Wochen später schlug ich auf einer Flugreise von Los Angeles nach San Francisco ein Buch auf, das ich kurz zuvor im Antiquariat erworben hatte. Der holländische Autor, der es in den zwanziger Jahren geschrieben hatte, formulierte in seinem Buch nichts, was mir grundsätzlich neu gewesen wäre, aber er machte mir den Vorgang der Wahrnehmung und wie unsere Erfahrungen die von uns erzeugte Realität bedingen nochmals deutlich. Alles was ich über Philosophie gelesen hatte, besonders die Schriften von Immanuel Kant, wie auch mein Physikstudium über die Natur des Lichts und die Erforschung der östlichen Philosophien und der Meditation, wurde mir wieder vor Augen geführt.

Mit einem Male war ich mir über die Ursache meiner Frustration im Klaren. Wir brauchen nicht nur eine neue Theorie des Bewusstseins. Wir müssen vielmehr einige unserer grundlegenden Annahmen über die Natur der Realität neu abwägen. Diese Einsicht, obwohl sie schon existierte, hatte ich während des Seminars noch nicht formulieren können. Ich begann zu schreiben, und als das Flugzeug landete, war das Bild klar. Unser gesamtes Weltbild musste auf den Kopf gestellt werden.

Während der folgenden Monate erarbeitete ich ein Essay, wobei ich die verschiedenen Teile eines Realitätsmodells, in welchem das Bewusstsein eine vorrangige Rolle spielt, miteinander verband. Während dieser Arbeit entdeckte ich, dass die Zusammenhänge tief greifender waren, als ich ursprünglich angenommen hatte. Das neue Weltbild ändert nicht nur die Art und Weise, wie die Wissenschaft das Bewusstsein betrachtet, es führt außerdem zu einer neuen Sicht, was die Spiritualität angeht – und, ganz überraschenderweise, zu einem neuen Begriff von Gott.

Die Saat, die während dieses Fluges gelegt worden war, ist nun in diesem Buch aufgegangen. Immer, wenn derart tief greifende Fragen abgehandelt werden, kann es sich auch hier nicht um vollständig zum Abschluss gebrachte bzw. überhaupt abzuschließende Ideen handeln. Sie verkörpern mein heutiges Denken über die Schlüsselbestandteile eines neuen Weltbilds und darüber, wie möglicherweise das Bewusstsein den lang ersehnten Brückenschlag zwischen Wissenschaft und Geist vollbringen kann.

So wie das Buch die Reise einer Idee beschreibt, die bei der Wissenschaft anfängt und bei Gott ankommt, so ist es auch die Darstellung meiner eigenen Reise von einem wenig an spirituellen Fragen interessierten Physiker zu einem Bewusstseinsforscher, der zunehmend würdigt, was die großen spirituellen Lehren uns schon seit Tausenden von Jahren vermitteln wollen.

1

Von der Wissenschaft zum Bewusstsein

Die Menschen reisen umher und bewundern die hohen Berge, die riesigen Wellen der Meere, die ausgedehnten Flüsse, die immensen Ausmaße der Ozeane, die Kreisbewegungen der Sterne, doch an sich selbst ziehen sie völlig unberührt vorüber.

Hl. Augustinus

Ich war schon immer mit Leib und Seele Wissenschaftler. Als Teenager lernte ich begeistert, wie die Welt funktioniert – wie Schallwellen sich durch die Luft fortbewegen, warum sich Metalle bei Hitze ausdehnen, warum Bleichmittel bleichen, warum Säure brennt, woher die Pflanzen wissen, wann sie Knospen bilden müssen, wie wir Farben wahrnehmen, warum eine optische Linse das Licht bricht, wie es Kreisel schaffen, im Gleichgewicht zu bleiben, warum Schneeflocken sechseckig sind und der Himmel blau ist.

Mit jeder Entdeckung stieg meine Faszination. Als Sechzehnjähriger verschlang ich Einsteins Werke und geriet in den Bann der paradoxen Welt der Quantenphysik. Ich erarbeitete mir verschiedene Theorien, was den Ursprung des Universums betrifft und sann über die Mysterien von Raum und Zeit nach. Ich besaß eine Leidenschaft für das Wissen, eine unersättliche Neugier nach den Gesetzen und Prinzipien, die die Welt regieren.

1

Die Mathematik, auch „Königin und Dienerin der Wissenschaft" genannt, interessierte mich ebenso. Ob es die Schwingungen des Pendels waren, die Vibrationen des Atoms oder der Weg, den ein abgeschossener Pfeil beschreibt, einfach jedem physikalischen Prozess lag ein mathematisches Gesetz zugrunde. Das Feld der Mathematik war so grundlegend, so offensichtlich, so simpel, und dennoch – hier entsprangen die Regeln, auf denen selbst komplexeste Phänomene beruhen. Ich erinnere mich noch daran, dass ich in helle Verzückung geriet, als ich entdeckte, dass sowohl die Verbreitung des Lichts, das Vibrieren einer Violinsaite, die Windungen einer Spirale und die Umlaufbahnen der Planeten mit ein und derselben einfachen Gleichung berechnet werden können – es ist eine der einfachsten und elegantesten aller mathematischen Gleichungen.

> Die Materie hat nun den Punkt erreicht,
> an dem sie beginnt, sich selbst zu erkennen …
> (Der Mensch) ist vom Wissen um die Sterne eine
> Sternenlänge weit entfernt.
>
> George Wald

Auch wenn viele Menschen sie langweilig finden, für mich hatten Zahlen immer etwas Magisches. Irrationale und imaginäre Zahlen, unendliche Folgen, unbestimmte Integrale – ich konnte einfach nicht genug von ihnen bekommen. Ich fand es einfach phantastisch, wie sie alle wie Stücke eines kosmischen Puzzle-Spiels zueinander passten.

Am stärksten beeindruckte mich, dass sich durch einfaches Anwenden des Verstandes die ganze Welt der Mathematik offenbarte. Sie schien eine grundsätzliche universelle Wahrheit zu beschreiben, von der Materie, Zeit und Raum transzendiert werden. Die Mathematik war von allem unabhängig, alles andere jedoch befand sich in Abhängigkeit von ihr. Wenn Sie mich damals gefragt hätten, ob es einen Gott gäbe, ich hätte auf die Mathematik verwiesen.

Der junge Atheist

Die konventionellen Religionen hatte ich bereits in jungen Jahren abgelehnt. Ich wurde allerdings ziemlich leidenschaftlos als Mitglied der Kirche von England erzogen. Wie viele Mitbürger in unserer Ortschaft gingen wir manchmal zum Sonntagsgottesdienst – gerade oft genug, um Sünden und Schuldgefühle in Schach zu halten. Das war aber auch schon die einzige Auswirkung, welche die Religion auf meine Entwicklung hatte. Sie war ein hingenommener, aber kein wichtiger Bestandteil des Lebens.

So blieb es auch, bis ich – im Teenager-Alter – der üblichen Zeremonie der Konfirmation unterzogen wurde. Hätte dieser Vorgang seinem Namen Ehre gemacht, wäre ich damit als Kirchenmitglied bestätigt worden. Genau das Gegenteil war der Fall. Das Einzige, was ich zu bestätigen vermocht hätte, war meine Skeptik der Religion gegenüber.

Ich konnte einsehen, dass man nicht sündigen, seinen Nächsten lieben, sich um Kranke kümmern sollte, und akzeptierte auch andere Grundlagen christlichen Verhaltens, aber mein Verstand sträubte sich, sobald es um Glaubenssätze ging, die man einfach hinzunehmen hatte. Sonntag für Sonntag wiederholte die Gemeinde pflichtschuldig das Credo und bekräftigte ihren Glauben daran, dass „Gott Vater, Schöpfer des Himmels und der Erde (ist, dessen) eingeborener Sohn, geboren aus Maria, der Jungfrau ... von den Toten auferstanden ist ... aufgefahren in den Himmel, wo er sitzt zur Rechten des Vaters." Dieses Glaubensbekenntnis mag in Zeiten seiner Entstehung vor etwa siebzehnhundert Jahren glaubhaft gewesen sein, ein angehender Wissenschaftler in der zweiten Hälfte des zwanzigsten Jahrhunderts jedoch war weit davon entfernt, derlei glauben zu können.

Kopernikus hatte nachgewiesen, dass wir nicht das Zentrum des Universums bilden. Die Astronomen hatten keinen Beweis für einen Himmel über dem Firmament finden können. Darwin hatte jegliche Vorstellung verworfen, Gott habe die Erde und alles, was auf ihr lebt, in sechs Tagen erschaffen. Die Biologen hatten bewiesen, dass eine jungfräuliche Geburt unmöglich war. Auf welche Geschichte sollte ich mich nun einlassen? Auf einen Text, dessen einzige Autorität er selbst war und dessen Aussagen mit meinen Alltagserfahrungen kaum etwas zu tun hatten? Oder auf die zeitgenössische Wissenschaft mit ihrem empirischen Herangehen an die Wahrheit? Mit achtzehn Jahren fiel mir die Entscheidung leicht. Ich kehrte der konventionellen Religion den Rücken, und für die darauf folgenden Jahre reduzierte sich mein spirituelles Interesse auf die Frage, ob ich nun ein Atheist oder ein Agnostiker war.

Psychologische Neigungen

Ein knallharter Materialist war ich aber dennoch nicht; ich bezweifelte, dass die Physik-Wissenschaften alles und jedes zu erklären vermochten. Mit etwa Mitte Zwanzig bekam ich Interesse an den brachliegenden Fähigkeiten des menschlichen Gehirns. Geschichten über Yogis, die tagelang lebendig begraben gewesen waren oder die auf Nagelkissen lagen, faszinierten mich. Ich befasste mich oberflächlich mit so genannten „Außer-Körper-Erfahrungen“ und experimentierte mit den Bewusstseinsveränderungen, die durch Hyperventilieren oder das Anstarren pulsierenden Lichts hervorgerufen werden. Ich entwickelte eigene Meditationstechniken, obwohl mir damals nicht bewusst war, dass es Meditationstechniken waren. Die Vorstellung, es könne außerirdische Intelligenz geben, begeisterte mich; bei den Abermillionen von Sternen im Kosmos kam es mir äußerst unwahrscheinlich vor, dass unser Planet der Einzige im ganzen Universum sein sollte, der Leben und Bewusstsein entwickelt hatte.

Außerdem unternahm ich zum ersten Mal Ausflüge in die Welt der Philosophie. Meine Freunde und ich debattierten zahllose Stunden über die Streitfrage, ob der Geist ein vom Gehirn unabhängiges Dasein führte. Wenn das so war, wie interagierten dann Geist und Gehirn? Oder wurde der Geist irgendwie vom Gehirn gebildet? Hatte uns diese Debatte erschöpft, stellte sich als Nächstes unweigerlich die Frage: Herrschte freier Wille oder Determinismus? Wenn doch alles, einschließlich des Zustandes unseres eigenen Hirns, durch die Gesetzmäßigkeiten der Physik vorbestimmt war, war dann unsere Erfahrung von freiem Willen echt oder bloß eine Illusion?

Wie intensiv mich auch immer die Fragen nach dem menschlichen Geist beschäftigten, mein vorrangiges Interesse galt nach wie vor den Physik-Wissenschaften, und hier vor allem der Mathematik. Daher fiel mir die Wahl eines Studienfachs nicht schwer. Genauso einfach war dementsprechend die Entscheidung für eine Universität. Cambridge war damals wie wahrscheinlich noch heute die bestgeeignete englische Universität für ein Mathematikstudium.

Vorahnungen vom Paradies

Das erste Mal besuchte ich Cambridge wegen meines Bewerbungsgespräches – es war der erste Schritt in Richtung Aufnahme.

Aus der Ferne gesehen erhob sich die Stadt aus der Landschaft mit den saftigen grünen Feldern wie eine Oase der Kultur. Im Umkreis der Stadtmitte bildeten Straßenzüge mit properen Häusern im Terrassenstil den Rahmen für die imposanten Universitätsgebäude. Miteinander erstrahlten Architektureinflüsse aus allen Jahrhunderten im Sonnenlicht – alte normannische Kirchen, sich auftürmende gotische Kapellen, schmucke elisabethianische Hallengänge, viktorianische Wissenschaftslaboratorien und zeitgenössische Gebäude aus Glas und Stahl. Innerhalb der Mauern des College bedeckten sorgfältig gehegte und gepflegte Rasenflächen die Innenhöfe und Seitenrabatten. Schwere Eichentüren verbargen abgewetzte Steintreppen, die wiederum zu den Räumen des ich weiß nicht wie berühmten Professors Soundso führten.

Im Herzen der Universität lag der Marktplatz. Ganz im Gegensatz zu vielen englischen Städten, deren traditionsreiche Marktplätze inzwischen durch geschmackvolles Pflastergestein an das vergangene Erbe erinnern, stand der Marktplatz von Cambridge voller Verkaufsstände mit Obst und Feldfrüchten, Blumen, Kleidern, Büchern, Schallplatten, Haushaltswaren, Spielzeug, Möbeln und anderem Krimskrams. Es war dies eine Stadt mit lebendigem Herzen und einer Seele, die vom Drang des zwanzigsten Jahrhunderts nach Effizienz und Funktionalität verschont geblieben war.

Während ich durch die sich leicht windenden Straßen schlenderte, wurde ich von einem Gefühl beschlichen, wie man es manchmal hat, wenn man jemand trifft und gleich weiß: Den treffe ich bestimmt noch öfter. Ich war ganz sicher, hierher gekommen zu sein, um an diesem exotischen Ort des Lernens zu leben.

Ungefähr sechs Wochen später begegnete ich auf dem Weg zur Schule vor unserem Haus dem Briefträger. Jäh durchfuhr mich der Gedanke: „Er hat einen Brief für mich dabei" – nicht irgendeinen, sondern das Zulassungsschreiben für Cambridge. Es gab eigentlich gar keinen Grund dafür, so einen Brief zu erwarten. Mein Gespräch dort war zwar ganz gut verlaufen, aber ich hatte doch noch gar keine Aufnahmeprüfung gemacht. Deshalb schob ich den Gedanken beiseite und ging weiter.

Als ich eine halbe Stunde später in der Schule ankam, sagte man mir, meine Mutter habe angerufen und mitgeteilt, der Briefträger habe ein Schreiben aus Cambridge abgegeben und man böte mir tatsächlich einen Studienplatz an.

Nach oben[1]

Neun Monate später ging ich „nach oben", wie das in Cambridge genannt wird, um meine Studien aufzunehmen. Am Tag nach meiner Ankunft traf ich zum ersten Mal meinen Tutor, einen renommierten Professor der englischen Literatur. In Cambridge hat ein Tutor sehr wenig mit der akademischen Bildung der Studenten zu tun; dies obliegt den Supervisoren. Tutoren treten in *Locus parentis* auf, eine lateinische Wendung, die „anstelle der Eltern" bedeutet. Ihr Anliegen ist es, das persönliche Wohl der Studenten im Auge zu behalten.

„Seien Sie kein allzu verbissener Student", sagte mein Tutor. „Die Vorlesungen besuchen, Ihre Klausuren schreiben, ja. Vor allem aber machen Sie sich die Leute zunutze. Ihre Kommilitonen sind die Crème de la Crème, und bei den Graduierten und Dozenten handelt es sich um die führenden Köpfe des Landes."

„Die Gespräche abends bei Tisch oder nachmittags beim Spaziergang am Fluss sind genauso wichtig wie morgens die Vorlesungen. Sie sind nicht hier, um bloß einen Abschluss zu machen, Sie

---

1 Originaltitel des Kapitels: „Going up" (Anm. d. Übers.)

sind auch hier, um als Person reifer zu werden, um sich selbst zu finden."

Es hätte wohl keine günstigere Zeit geben können, sich selbst zu finden. Dies war das Cambridge der sechziger Jahre. Jahrhundertealte Traditionen wurden über den Haufen geworfen. Die Universität hatte gerade für Studenten der unteren Semester die Kleidervorschrift beim Ausgang abgeschafft. Man wurde bei Damenbesuch auf der Studentenbude auch nicht mehr unweigerlich hinausgeschmissen. Die Studenten inszenierten ihre ersten Sit-ins, das Establishment fühlte sich durch den Wunsch der Studierenden, ihre eigene Ausbildung mitbestimmen zu dürfen, herausgefordert. Ein Transparent mit der Aufschrift „Friede für Vietnam" war zwischen zwischen Glockentürmen der Kapelle des King's College angebracht worden – ein wahrhaft tollkühner, wenn nicht gotteslästerlicher Kletterakt. Man spürte eine gewisse Hoffnung, es war da ein Potential des Aufbruchs, von etwas Neuem.

Friede lag in der Luft – und Liebe auch. Hippies in afghanischen Mänteln und Studenten im Smoking gingen Seite an Seite. Es tauchten die weißen Fahrräder auf, die niemandem gehörten, die aber jeder benutzen durfte. Karl Marx, Alan Watts und Marshal McLuhan gehörten zu den angesagten „freiwilligen" Autoren. Überall im Campus dröhnte einem „Sergeant Pepper" entgegen. Jeder war angesprochen, jeder konnte mitmachen.

Der Wendepunkt

Ich war genau da, wo ich sein wollte, ich studierte mit den begabtesten Studenten am bestmöglichen Ort. Es war im dritten Jahr, als Stephen Hawkins mein Supervisor wurde. Obwohl sich die Spuren der motorischen Störung, die als Lou-Gehrig-Syndrom bekannt ist, bei ihm bereits bemerkbar machten, war das Krankheitsbild doch noch nicht vollständig entwickelt. Er konnte sich noch mit einer Gehhilfe bewegen und sprach noch einigermaßen deutlich.

Wenn ich mit ihm in seinem Studierzimmer saß, war meine Aufmerksamkeit zweigeteilt: Auf der einen Seite galt sie seinen Erklärungen – möglicherweise die Lösung einer Reihe besonders schwieriger Differentialgleichungen – und auf der anderen Seite

Hunderten von um seinen Schreibtisch herum verstreut liegenden Blättern. Auf ihnen standen in riesigen handschriftlichen Lettern Gleichungen, deren Bedeutung mir anfangs völlig unerschlossen blieb. Erst später wurde mir klar, dass es sich hierbei wahrscheinlich um Teile seiner zukunftsweisenden Arbeit über schwarze Löcher gehandelt hatte.

Nicht selten glitt ein Stapel Blätter durch eine seiner spastischen Armbewegungen zu Boden. Ich wollte sie natürlich für ihn aufheben, aber er bestand darauf, ich solle sie liegenlassen. Eine solch bahnbrechende Arbeit der Kosmologie zu betreiben, war an sich schon ein ungeheures Vorhaben. Es mit solchem Handicap zu tun, war ganz ungeheuerlich. Ich fühlte mich zugleich hochgradig privilegiert und ernüchtert.

Und ganz tief in mir wurde noch etwas anderes berührt.

Im Fach Mathematik hatte ich den Punkt erreicht, wo ich imstande war, Schrödingers Gleichung für das Wasserstoffatom zu lösen. Schrödingers Gleichung ist eine der grundlegenden Gleichungen in der Quantenphysik. Bezogen auf ein Teilchen wie das Elektron ist sie noch eine zu bewältigende Aufgabe, für zwei Teilchen allerdings – das Elektron und das Proton, aus denen das Wasserstoffatom besteht – wird die Lösung schon diffiziler. Liegt sie aber erst einmal vor, können Voraussagen über das Verhalten des Atoms gemacht werden. Das war für mich faszinierend. Aus der reinen Mathematik entsprangen Funktionen, die das physikalische Verhalten des Wasserstoffs erklärten und in gewissem Umfang sogar seine chemischen Werte.

Zu dieser Zeit galt mein Interesse aber auch einer noch erregenderen Frage. Wie hatten sich aus dem Wasserstoff, dem simpelsten aller Elemente, Wesen wie wir Menschen entwickeln können, die über die Dimensionen des Kosmos nachdachten, dessen Abläufe verstanden und sogar die mathematischen Grundlagen des Wasserstoffs selbst untersuchten? Wie war es möglich, dass ein durchsichtiges, geruchloses Gas zu einem System wurde, das sich seiner selbst bewusst ist? Kurz, wie hatte das Universum sein Bewusstsein erlangt?

Das Unbegreiflichste am Universum ist,
dass es begreifbar ist.

Albert Einstein

Was auch immer ich anstellte, um die Physik-Wissenschaften zu durchdringen, es gab keine Antwort auf diese tiefer liegenden, grundsätzlichen Fragen. Der Impuls, den Geist und das Bewusstsein zu erforschen, wurde immer stärker, und ich konzentrierte mich zunehmend weniger auf meine Mathematik-Belange.

Mein Tutor, dem nicht entging, dass ich ein wenig aus der Bahn geraten war, fragte mich eines Tages, wie ich denn vorankäme. Ich informierte ihn, so gut ich vermochte, über meine Ratlosigkeit, was den eingeschlagenen Weg betraf. Seine Antwort überraschte mich: „Machen Sie Ihren Abschluss in Mathematik (Ich war im letzten Jahr) oder nehmen Sie das restliche Jahr frei und nutzen Sie die Zeit, um herauszufinden, was Sie wirklich studieren wollen." Da er wusste, was er mir da abverlangte, fügte er noch hinzu: „Ich erwarte Ihre Entscheidung am Sonntagmittag."

Am Sonntag schwankte ich fünf Minuten vor Mittag immer noch zwischen den beiden Alternativen, ich kämpfte mit Gefühlen zu versagen und Zeit zu verschwenden. Dennoch wusste ich: Mit Mathematik weiterzumachen würde mich nicht befriedigen. Am Ende gab ich meinen Gefühlen nach und beschloss, den Rest des Jahres frei zu nehmen. Am späten Nachmittag – ich hatte bereits gepackt – verabschiedete ich mich vorübergehend von meinen Freunden und machte mich mit nichts als Ungewissheit vor mir auf den Weg.

Die beste zweier Welten

Während der ersten sechs Monate führte ich Dias vor, arbeitete nachts in einer Konfitürenfabrik und dachte gelegentlich über meine künftige Karriere nach.

Zuerst wollte ich eigentlich Philosophie studieren.

Die Ursprünge der Philosophie reichen 2500 Jahre auf Pythagoras zurück, der den meisten wegen seiner mathematischen Experimente bekannt ist. Pythagoras hat selbst nach heutigen Maßstäben ein bemerkenswertes Leben geführt. Als Heranwachsender reiste er von Griechenland nach Ägypten, wo er zehn Jahre damit zubrachte, sich als Tempelweiser unterrichten zu lassen. Seine Karriere wurde von den Persern durchkreuzt, die Ägypten überfielen und Pythagoras als Sklaven nach Babylon verschleppten. Zehn Jahre später hatte er sich durch seine Weisheit und Lehren die Freiheit erkauft, aber er kehrte nicht ins heimische Griechenland zurück, sondern blieb weitere zehn Jahre in Babylon, studierte dort Mathematik und besuchte die Schulen der Mysterien. Als er dann endlich heimkehrte, gründete er eine Gemeinschaft in Süditalien, wo er andere Studenten in den Dingen, die er selbst während all der Jahre gelernt hatte, unterwies.

Pythagoras' Leben passte so gar nicht ins das konventionelle Weltbild; er war für seine Zeitgenossen ein Rätsel. Wenn Besucher ihn fragten, was er denn mache, soll er geantwortet haben: „Ich liebe (Liebe – *philo*) die Weisheit (*sophia*)."

Die Philosophie in Cambridge hatte sich von der Liebe zur Weisheit beträchtlich entfernt. Man studierte im Großen und Ganzen, was die Philosophen der Vergangenheit gelehrt hatten. Was zeitgenössische Philosophen betraf, so war es en vogue, logischen Positivismus an den Tag zu legen, und von der Logik hatte ich bis dahin schon genug gehabt. Bei keiner der philosophischen Richtungen ging es besonders um die Fragen nach dem Wesen des Bewusstseins.

Die einzige andere akademische Fachrichtung, die das Bewusstsein zum Thema machte, war die experimentelle Psychologie. Wo die klinische Psychologie mentale Befindlichkeitsstörungen an Kranken untersuchte, beschäftigte sich die experimentelle Psychologie mit dem normalen Funktionieren des menschlichen Gehirns. Hierzu gehörten auch das Lernen, das Erinnern, die Vorgänge hinter der Wahrnehmung und wie das Gehirn sein Bild von der Welt erzeugt. Ich entschied, dies wäre die einzuschlagende Richtung und kehrte an die Universität zurück, um experimentelle Psychologie zu studieren.

Es ist nicht das Ziel, den Geist der Materie unterzuordnen, sondern die Eigenschaften der Materie neu zu gewichten, da sie den Geist beherbergen. Das Ziel ist, zu wissen, wie es dazu kam, dass aus Staub und Wasser der Erde, aus natürlichen Kräften ein mentales System werden konnte, das imstande ist, die Frage nach seiner eigenen Existenz zu stellen.

Nigel Calder

Die Abfolge der Universitätsabschlüsse in Cambridge unterschied sich nur wenig von der anderer Hochschulstandorte. Die Abschlüsse wurden innerhalb einer bestimmten Fakultät erlangt, und man konnte lediglich Fächer dieser einen Fakultät miteinander kombinieren. Mathematik fiel beispielsweise in den Bereich der Mathematik und konnte nicht mit Philosophie, die unter die Fakultät der Geisteswissenschaften fiel, kombiniert werden. Die experimentelle Psychologie war dem naturwissenschaftlichen Zweig zugeordnet– wie auch die theoretische Physik. Da diese beiden in einem Bereich angesiedelt waren, konnte ich sie zu einem Abschluss zusammenfassen. Darüber hinaus war das Curriculum (Lehrplan) für theoretische Physik inhaltlich dasselbe wie das der angewandten Mathematik – oft waren die Vorlesungen dieselben und wurden von denselben Professoren gelesen; lediglich die Gebäude und die Kursnamen waren unterschiedlich.

So kam es, dass ich meinen Interessen in mathematischer und physikalischer Richtung nachgehen konnte, während ich gleichzeitig meinen Vorstoß in die innere Welt des Bewusstseins unternahm.

2

Die Anomalie Bewusstsein

> Eine neue wissenschaftliche Wahrheit trumpft nicht auf, indem ihre Gegner überzeugt und erleuchtet werden, sondern dadurch, dass diese Gegner allmählich sterben.
>
> Max Planck

Heute, dreißig Jahre nach dem Beginn meiner Auseinandersetzung mit der Natur des Bewusstseins, kann ich ermessen, welch großes Problem die zeitgenössische Wissenschaft mit dem Phänomen Bewusstsein hat. Die Wissenschaft hat bemerkenswerte Fortschritte beim Beschreiben der Struktur und der Funktionsweise der materiellen Welt gemacht. Was aber die innere Welt des Geistes betrifft, was unsere Gedanken, Gefühle, Empfindungen, Intuitionen und Träume angeht, weiß die Wissenschaft wenig zu sagen. Über das Bewusstsein selbst schweigt sich die Wissenschaft ganz aus. Es gibt in Physik, Chemie, Biologie oder irgendeiner anderen Wissenschaft nichts, anhand dessen sich das Vorhandensein unserer inneren Welt erklären ließe. So seltsam es auch klingen mag: Die Wissenschaftler würden sich viel wohler fühlen, wenn es so etwas wie Bewusstsein gar nicht gäbe.

David Chalmers, Professor der Philosophie in Arizona, nennt dies das „harte Problem" des Bewusstseins. Die so genannten „leichten Probleme" sind all diejenigen, bei denen es um Gehirnfunktionen und die Korrelationen mit mentalen Phänomenen geht: Wie wir beispielsweise unterscheiden, kategorisieren und auf Reize reagieren, wie über die Sinne eingehende Daten mit der bestehenden Erfahrungswelt in Einklang gebracht werden, wie wir unsere Aufmerksamkeit bündeln, und wie sich Wachsein und Schlafen unterscheiden.

Diese Probleme als „leichte Probleme" zu bezeichnen ist natürlich eine relative Bewertung. Die Lösungen hierzu zu finden setzt jahrelange gezielte und komplizierte Forschungsarbeit voraus. Dennoch kann davon ausgegangen werden, dass diese leichten Probleme allmählich gelöst werden, wenn man für deren Erforschung ausreichend Zeit und Mühe aufwendet.

Das wirkliche harte Problem ist das Bewusstsein selbst. Warum sollten die komplexen Informationsabläufe im Gehirn zu innerer Erfahrung führen? Warum spielt sich nicht alles im Dunkeln ab, ohne jeden subjektiven Aspekt? Warum haben wir denn überhaupt ein inneres Leben?

Ich glaube, dass dies nicht nur ein hartes Problem, sondern ein unlösbares Problem darstellt, das heisst unlösbar innerhalb des herrschenden Weltbildes. Unsere Unfähigkeit, uns das Bewusstsein zu erklären, ist der Auslöser, der die westliche Wissenschaft umwälzen wird, ein Vorgang, den der amerikanische Philosoph Thomas Kuhn den Paradigmensprung nennt.

Paradigmen

Das Wort Paradigma (es kommt aus dem Griechischen, *paradeigma* heißt Muster) fasst allgemein akzeptierte Theorien, Werte und wissenschaftliche Praktiken zusammen, die die „normale Wissenschaft" innerhalb einer gewissen Fachrichtung prägen. Ein Paradigma ist grundsätzlich eine Denkschule, eine Reihe von Annahmen innerhalb derer sich eine bestimmte Wissenschaftsfachrichtung vollzieht. Die Quantentheorie, die Newton'sche Mechanik, die Chaos-Theorie, Darwins Evolutionstheorie und die Modelle der Psychoanalyse des Unterbewussten sind samt und sonders Beispiele von Paradigmen.

Paradigmen wandeln sich. Platons Theorien haben fast zwei Jahrtausende lang die Vorstellung der Menschen von der Bewegung der Himmelskörper beherrscht. Im siebzehnten Jahrhundert wurden Newtons Bewegungsgesetze zum Paradigma. Heutzutage wird Einsteins Relativitätstheorie als eine noch zutreffendere Beschreibung der Art und Weise, wie sich Materie innerhalb von Raum und Zeit bewegt, betrachtet. Ähnliche Veränderungen in der Weltanschauung können in Biologie, Chemie, Geologie, Psychologie – ja, in allen Wissenschaften – vorgefunden werden.

> Alle Beschreibungen der Wirklichkeit sind
> vorläufige Hypothesen.
>
> BUDDHA

In seinem bahnbrechenden Buch *The Structure of Scientific Revolutions* zeigt Thomas Kuhn auf, dass sich der Übergang vom einen zum anderen Paradigma nicht sanft vollzieht. Eine gewisse Zeitlang staut sich der Druck nach Veränderung an, der Wechsel an sich geschieht dann abrupt.

Der Vorgang beginnt, wenn sich dem bestehenden Paradigma eine Anomalie entgegenstellt – eine Beobachtung, der man innerhalb des herrschenden Weltbildes keine Erklärung zuordnen kann. Unsere Vorstellungen vom Funktionieren der Welt sitzen so tief, dass diese Anomalie anfangs übersehen oder als falsch zurückgewiesen wird. Immer wenn sie nicht mehr so einfach verdrängt werden kann, werden Versuche unternommen, die Anomalie in das bestehende Paradigma einzubetten. Genau das ist geschehen, als die Astronomen des Mittelalters versuchten, die Planetenbewegungen am Himmel zu erklären.

Die Verteidigung des Paradigmas

Über mehr als tausend Jahre hinweg haben die Astronomen ihre Beobachtungen auf der Grundlage dessen definiert, was der griechische Philosoph Ptolemäus rund 140 vor Christus formuliert hatte; nämlich dass die Sonne, der Mond, die Planeten und die Sterne auf Kreisbahnen die Erde umrunden.

Aber dieses Modell brachte Probleme mit sich. Obwohl die Sterne sich gleichmäßig auf Kreisbahnen zu bewegen schienen, die Planeten taten dies nicht. Sie wanderten zwischen den Sternen[2] umher, ihre Kreisbahnen wurden eierig, ihre Geschwindigkeit variierte und manchmal schlugen sie sogar eine entgegengesetzte Richtung ein, was als „retrograde“ Bewegung bekannt ist. Dies stellte innerhalb des bestehenden geozentrischen Weltbildes (mit der Erde als Mittelpunkt) die Anomalie dar.

Die Astronomen hatten ein System von Epizyklen als Erklärung bereit – Bahnen, die von Kreisen, die ihrerseits auf größeren Kreisbahnen kreisen, beschrieben werden. Wenn die Planeten sich auf Epikzyklen fortbewegten, so ließen sich einige dieser merkwürdigen Planeten-Bewegungen erklären, ohne dass man hierfür die Idee von der Kreisbahn aufgeben musste.

Als die gesammelten Daten mehr und mehr Genauigkeit brachten, wurde sichtbar, dass man die zahlreichen Unregelmäßigkeiten mit Epizyklen allein nicht mehr ausreichend erklären konnte. Somit kamen die mittelalterlichen Wissenschaftler zu dem Schluss, dass noch komplexere Epizyklen vorliegen müssten: Kreise, die sich auf Kreisbahnen fortbewegten, die um Kreise herumkreisten. Wenn selbst diese Modelle bei der Erklärung aller Beobachtungen fehlschlugen, fügte man andere Modifikationen und Oszillationen (Schwingungen) hinzu, was dazu führte, dass das System immer schwerfälliger wurde.

Die kopernikanische Revolution

Kuhn wies nach, dass ein Paradigma sich immer dann zu verändern beginnt, wenn eine tapfere Seele die Annahmen hinter dem herrschenden Weltbild herausfordert und ein neues Modell der Realität schafft. Oft konterkariert das neue Modell das bestehende Weltbild derart, dass es zunächst von der etablierten Wissenschaft abgelehnt oder sogar lächerlich gemacht wird.

Im frühen sechzehnten Jahrhundert präsentierte der polnische Astronom Nikolaus Kopernikus solch ein radikal anderes Weltbild. Er nahm an, der Grund für die beobachtete Sternenbewegung um die Erde herum liege darin, dass die Erde selbst sich bewegte, in-

---

2 „Planet“ kommt von dem griechischen Wort *planeta*, was Wanderer bedeutet.

dem sie sich um ihre Achse drehte. Die wahrgenommene Bewegung der Himmelskörper sei eine durch die Bewegung des Betrachters hervorgerufene Illusion.

Kopernikus behauptete nicht nur, die Erde sei nicht statisch, er behauptete zudem, sie sei nicht einmal der Mittelpunkt des Universums. Er fand heraus, dass jene anomalen Planetenbewegungen verständlich wurden, sobald man davon ausging, dass die Planeten nicht die Erde, sondern die Sonne umkreisten. Die ketzerischste seiner Behauptungen beruhte auf der Annahme, die Erde selbst sei auch nur ein solcher die Sonne umkreisender Planet.[3]

Für uns, die wir in einer Welt groß geworden sind, in der das heliozentrische Modell (mit der Sonne als Mittelpunkt) die akzeptierte Wahrheit darstellt, ist es leicht, nachzuvollziehen, um was für eine radikale Vermutung es sich hierbei handelte. Die zentrale Lage der Erde bildete nicht allein einen Glaubenssatz, dem jeder zustimmte, sie wurde auch durch das persönliche Erleben jedes Einzelnen bestätigt. Man brauchte doch bloß hinaufzuschauen, um zu sehen, dass die Sonne und die Sterne sich am Himmel fortbewegten, während die Erde eindeutig still stand. Anzunehmen, die Erde bewege sich, war einfach lächerlich.

Jede Wahrheit passiert drei Stadien,
bevor sie anerkannt wird.
Im ersten wird sie lächerlich gemacht.
Im zweiten wird sie verworfen.
Im dritten wird sie als selbstverständlich angesehen.

Arthur Schopenhauer

Kopernikus war Priester und wusste, dass seine Theorie nicht nur dem Menschenverstand, sondern auch der Realitätssicht der Kirche zuwiderlief. Daher behielt er seine Ideen für sich. Als sein

---

3 Diese Theorie war nicht grundsätzlich neu. 270 vor Chr. war Aristachus, ein heute wenig bekannter griechischer Philosoph mit der Idee hervorgetreten, dass die Erde und die anderen Planeten um die Sonne kreisen. Hätten seine Ideen damals anstelle derer von Platon und Ptolemäus Fuß gefasst – die Geschichte hätte einen anderen Verlauf nehmen können.

Leben sich dem Tode näherte, fühlte er, dass er sein wichtiges Wissen nicht mit ins Grab nehmen wollte, und er entschied sich zu publizieren. Er bekam die erste Ausgabe seines kleinen Buches „Über die Drehungen der Himmelskörper“[4] zum ersten Mal an seinem Todestag in die Hand.

Es zeigte sich, dass Kopernikus’ Befürchtungen, Widerstände heraufzubeschwören, wohl begründet waren. Der Vatikan stellte seine Arbeit augenblicklich auf den päpstlichen Index verbotener Lektüre. Dort verblieb sie auch siebzig Jahre lang, ignoriert und vergessen.

Die Vollendung des Paradigmenwechsels

Im Jahre 1609 fand der Wissenschaftler Galileo Galilei mit Hilfe des von ihm gerade erfundenen Teleskops überzeugende Beweise für Kopernikus‘ Ideen. Er beobachtete, dass die Venus wie auch der Mond Phasen durchlief: Manchmal war nur die Hälfte oder lediglich ein Teilstück des Planeten angestrahlt – was zeigte, dass die Venus in der Tat die Sonne umkreiste. Galileo entdeckte außerdem, dass der Mond den Jupiter auf einer Kreisbahn umwanderte, was die Idee, dass sich alles um die Erde drehte, abermals widerlegte.

Nach der Veröffentlichung seiner Entdeckungen trat der Papst an ihn heran und forderte ihn auf, seine ketzerischen Ideen zu widerrufen. Einige Jahre zuvor war der Philosoph Giordano Bruno schon auf dem Scheiterhaufen in Rom verbrannt worden, weil er sich zu Kopernikus‘ Ideen bekannte; daher entsprach Galileo den Forderungen des Papstes.

Aber Galileo war über das Edikt, eine so wichtige Entdeckung zurückhalten zu müssen, nicht glücklich. Im Jahre 1632 veröffentlichte er „Der Dialog“, ein großartig gemachtes Buch, in dem er erneut die kopernikanische Theorie unterstützte. Der Vatikan verlangte abermals nach einem Widerruf. Galileo wurde gezwungen, sich von der Behauptung, die Erde drehe sich um die Sonne, zu distanzieren, von ihr abzulassen und sie zu widerrufen. Ihm wurde für den Rest seines Lebens Hausarrest auferlegt.

---

4 „De Revolutionibus Orbium Coelestium“ (Anm. des Übers.)

Die Annahme, die Erde umkreise die Sonne, ist genauso falsch wie die Behauptung, Jesus sei nicht aus einer Jungfrau geboren.

Kardinal Bellarmine
(während des Galileo-Prozesses)

Inzwischen war ein deutscher Mathematiker, Johannes Kepler, mit der Lösung eines weiteren Teils des planetarischen Puzzles beschäftigt. Kepler hatte das große Glück, unter Tycho Brahe, einem dänischen Astronomen, studiert zu haben, welcher eine immense Menge exakter astronomischer Daten zusammengetragen hatte. Diese bewiesen, dass die Planeten, selbst wenn sie die Sonne umwanderten, dies nicht auf Kreisbahnen taten, so wie Kopernikus es noch angenommen hatte. Nachdem Kepler jahrelang über den Daten gegrübelt hatte, wurde ihm klar, dass sämtliche Unregelmäßigkeiten der Planetenbewegungen erklärbar wurden, wenn man elliptische Bahnen zugrunde legte. Er hatte jedoch keinerlei Erklärung hierfür.

Siebzig Jahre später lieferte der englische Mathematiker Isaak Newton die Antwort. Er fand heraus, dass die Himmelskörper genau denselben Gesetzen unterlagen wie irdische Gegenstände – die Kraft, die einen Apfel vom Baum auf die Erde fallen lässt, ist dieselbe wie jene, die den Mond auf seiner Umlaufbahn um die Erde hält. Indem er entsprechende Bewegungsgleichungen entwickelte, stellte er unter Beweis, dass jeglicher Körper auf einer Umlaufbahn eine Ellipse beschreibt, genau wie es Kepler entdeckt hatte.

Dies letzte Puzzlesteinchen schloss die Revolution ab. Kopernikus hatte den Schlüsselgedanken geliefert, aber es bedurfte noch weiterer Entdeckungen von bahnbrechender Bedeutung, die Menschen in fünf Ländern während einer Zeitspanne von 150 Jahren machen sollten, um endgültig die Sonne ins Zentrum der Dinge zu stellen und die bis zu diesem Zeitpunkt gängige Weltanschauung der Menschen unwiderruflich umzustoßen.[5]

---

5 Es sollte jedoch noch bis 1992 dauern, bis sich der Vatikan offiziell für sein Verhalten Galileo gegenüber entschuldigte.

Das Metaparadigma

Der Vorgang, durch den das geozentrische Weltbild sich zu einem heliozentrischen Weltbild wandelte, ist ein klassisches Beispiel für einen Paradigmenwechsel, wie er sich in einem Wissenschaftsbereich vollzieht.

Kuhns Modell jedoch braucht nicht auf ein einzelnes Wissenschaftsfeld beschränkt zu bleiben. Ich glaube, dass das Modell einen Schritt weitergehen kann, ja muss, und auf das Weltbild der gesamten westlichen Wissenschaft angewendet werden sollte.

Alle unsere wissenschaftlichen Paradigmen beruhen auf der Annahme, dass die physische Welt die reale Welt ist und dass Raum, Zeit, Materie und Energie die fundamentalen Komponenten der Realität sind. Würde man einst das Funktionieren der physischen Welt gänzlich verstanden haben, so wird angenommen, dann sei man in der Lage, den Kosmos mit all seinen Phänomenen zu erklären.

Auf dieser Überzeugung beruhen alle unsere wissenschaftlichen Paradigmen. Es ist deshalb nicht lediglich ein Paradigma wie alle anderen; es ist das Metaparadigma – das Paradigma, auf das alle Paradigmen zurückgehen.

Bei der Erklärung fast aller Phänomene, die wir in der materiellen Welt vorfinden, war dies Paradigma derart erfolgreich, dass es, wenn überhaupt, nur selten selbst in Frage gestellt wird. Erst wenn wir uns der nichtmateriellen Welt des Geistes zuwenden, beginnt dieses Weltbild Schwächen aufzuweisen.

In der westlichen Wissenschaft gibt es keinen Hinweis darauf, dass eine lebendige Kreatur über Bewusstsein verfügt. Die Entwicklung vom Wasserstoff zu anderen Elementen, wie diese sich zu Molekülen zusammenfanden, schließlich einfache lebendige Zellen bildeten und diese wiederum zu komplexen Formen wie zum Beispiel uns selbst werden konnten, ist einfacher zu erklären als der Vorgang, warum wir überhaupt je eine einzige innere Erfahrung machen können.

> Die Wissenschaftler befinden sich in der merkwürdigen
> Position, dass sie täglich der unbestreitbaren Tatsache
> ihres eigenen Bewusstseins begegnen,
> dafür aber keinerlei Erklärung besitzen.
>
> Christian de Quincey

Das Problem ist im Kern ein *Typus*-Problem. Wenn elementare Teilchen sich zu einem Atom zusammenfinden und diese Atome ihrerseits Moleküle bilden, bilden sie Einheiten desselben Typus – sie sind allesamt physikalische Phänomene. Dasselbe gilt für die einfache Zelle. DNA, Proteine und Aminosäuren bestehen aus dem selben Grundtypus wie Atome. Selbst das menschliche Gehirn, so unvorstellbar es in seiner Komplexität auch sein mag, ist doch von derselben essentiellen Grundbeschaffenheit (Typus).

Das Bewusstsein ist jedoch von grundsätzlich anderer Beschaffenheit. Es ist nicht aus Materie zusammengesetzt. Und die Materie, so wird angenommen, besitzt kein Bewusstsein.

Wir mögen uns das Bewusstsein nicht erklären können, sind uns aber absolut sicher, dass wir ein Bewusstsein haben. Diese Erkenntnis war einer der großartigen Beiträge von René Descartes zur westlichen Philosophie vor rund zweihundertundfünfzig Jahren. Wie so viele Philosophen vorher und nachher suchte Descartes nach der absoluten Wahrheit. Er schuf zu diesem Zweck die Methode des Zweifelns. Alles, was angezweifelt werden konnte, so behauptete er, konnte keine absolute Wahrheit sein.

Descartes fand heraus, dass er jegliche Theorie oder Philosophie anzweifeln konnte. Er konnte alles, was gesagt wurde, anzweifeln. Er konnte alles, was er sah, anzweifeln. Er konnte seine eigenen Gedanken und Gefühle anzweifeln. Er konnte sogar bezweifeln, einen Körper zu besitzen. Eines aber konnte er nicht anzweifeln, nämlich dass er zweifelte. Dies offenbarte eine Gewissheit: Er dachte. Wenn er also dachte, so musste er auch ein erfahrendes Wesen sein. So drückte er es lateinisch aus: *Cogito ergo sum.* Ich denke, also bin ich.

Dies ist das Paradoxon des Bewusstseins. Seine Existenz ist unzweifelhaft. Aber es selbst bleibt total unerklärlich. Für das materialistische Metaparadigma ist das Bewusstsein eine einzige große Anomalie.

Die Verteidigung des Metaparadigmas

Wie Kuhn zeigte, ist jeweils die erste Reaktion auf eine Anomalie die, sie zu ignorieren. Das haben auch die meisten Wissenschaftler mit dem Bewusstsein gemacht, und dies vermutlich aus guten Gründen.

Erstens kann man das Bewusstsein nicht wie materielle Objekte beobachten. Man kann es nicht wiegen, messen oder irgendwie anders festnageln. Zweitens haben Wissenschaftler nach universell objektiven Wahrheiten gesucht, unabhängig von jeglichen individuellen Beobachter-Standpunkten oder Geisteszuständen. Zu diesem Zweck haben sie subjektive Überlegungen bewusst vermieden. Und drittens erachteten sie dies nicht für nötig; das Funktionieren des Universums konnte erklärt werden, ohne dass das lästige Subjekt des Bewusstseins erforscht werden muss.

Die Entwicklungen in verschiedenen Bereichen haben jedoch nunmehr gezeigt, dass man am Bewusstsein nicht ohne weiteres herumkommt. Die Quantenphysik legt zum Beispiel nahe, dass auf der atomaren Ebene der Akt des Beobachtens die vorgefundene Realität beeinflusst. In der Medizin kann der Geisteszustand einer Person bedeutende Auswirkungen auf die Fähigkeit des Körpers zur Selbstheilung haben. Und mit dem sich erweiternden Verständnis der Neurophysiologen von den Gehirnfunktionen und deren Korrelationen mit mentalen Phänomenen erhebt sich abermals die Frage nach der Natur subjektiver Erfahrung.

Infolge dieser und anderer Entwicklungen versuchen immer mehr Wissenschaftler und Philosophen herauszufinden, wie das Bewusstsein sich bildet. Einige glauben, dass die Antworten gefunden werden, wenn man die chemischen Vorgänge im Gehirn erforscht hat; vielleicht erwächst das Bewusstsein den Aktivitäten der Neuropeptide. Andere wenden sich der Quantenphysik zu. Die winzigen Mikrotubuli, die man in Nervenzellen findet, könnten

Quanten-Wirkung haben, die irgendwie zum Bewusstsein beitragen. Einige glauben, dass das Bewusstsein aus der Komplexität der Hirnprozesse erwächst. Andere wenden sich hoffnungsvoll der Chaostheorie zu.

Welche Idee auch immer man weiterverfolgt, eine heikle Frage bleibt unbeantwortet: Wie kann etwas so Immaterielles wie das Bewusstsein aus so etwas wie der sich selbst nicht bewussten Materie entwachsen?

Das fortgesetzte Versagen dieser Herangehensweisen, einen akzeptablen Zugang zu diesem Problem zu finden, legt nahe, dass wir möglicherweise alle auf dem Holzweg sind. Alle Versuche basieren auf der Annahme, dass das Bewusstsein der physikalischen Welt mit Raum, Zeit und Materie entstammt oder von ihr abhängig ist. Auf die eine oder andere Weise versuchen alle, die Anomalie des Bewusstseins in das Weltbild, das durch und durch materialistisch geprägt ist, einzubetten. Wie schon im Mittelalter bei den Astronomen geschehen, die immer mehr Epikzyklen erfanden, um die anomalen Bewegungsmuster der Planeten zu erklären, werden die zugrunde gelegten Annahmen, wenn überhaupt, nur selten in Frage gestellt.

Ich glaube, wir sollten eher ein neues Weltbild entwickeln, in welchem das Bewusstsein als fundamentale Komponente der Realität gilt, als das Bewusstsein innerhalb der Begriffe der materiellen Welt zu erklären versuchen.

Die Schlüsselbestandteile für dieses neue Metaparadigma sind alle schon vorhanden. Wir brauchen nicht darauf zu warten, dass neue Entdeckungen gemacht werden. Man braucht jetzt nur noch die Teile des bekannten Wissens zusammenzufügen und das sich daraus ergebende neue Realitätsbild zu erforschen.

3

Ein empfindendes Universum

...eine Natur, lebendig in allen Geschöpfen, aber nicht beschränkt auf sie, lebendig außerhalb aller Geschöpfe, aber nicht getrennt von ihnen.

The Cloud of Unknowing

Was ist Bewusstsein? Es ist nicht einfach, das Wort zu definieren, schon deshalb, weil wir es mit einer Vielfalt von Bedeutungen belegen. Man könnte sagen, eine wache Person hat Bewusstsein, während jemand, der schläft, es nicht hat. Es kann aber auch jemand, der wach ist, derart in Gedanken versunken sein, dass er sich der Welt um sich herum in nur ganz geringem Maße bewusst ist. Wir sprechen auch von politischem, sozialem oder ökologischem Bewusstsein. Und wir können sagen, dass Menschen im Gegensatz zu anderen Wesen ein Bewusstsein haben, einfach weil Menschen denken und wir uns unserer selbst bewusst sind.

Ich werde den Begriff Bewusstsein nicht auf einen bestimmten Bewusstseinszustand oder auf eine Art zu denken beziehen, sondern auf die Fähigkeit zum Bewusstsein – auf die Fähigkeit, innere Erfahrungen zu machen, unabhängig von der Art oder der Intensität der Erfahrung.

Für jeden psychologischen Begriff in Englisch gibt es vier auf Griechisch und vierzig in Sanskrit.

A. K. Coomaraswamy

Die Fähigkeit zum Bewusstsein lässt sich mit dem Licht eines Videoprojektors vergleichen. Der Projektor wirft Licht auf eine Leinwand, indem das Licht derart verändert wird, dass jeweils eins von unzähligen möglichen Bildern entsteht. Diese Bilder sind wie die Wahrnehmungen, Empfindungen, Träume, Erinnerungen, Gedanken und Gefühle, die wir haben – was ich den „Inhalt des Bewusstseins" nenne. Das Licht selbst, ohne welches kein Bild möglich wäre, entspricht der Fähigkeit zum Bewusstsein.

Wir wissen alle, dass die Bilder auf der Leinwand sich aus Licht zusammensetzen, aber wir sind uns des Lichts als solchem nicht bewusst; unsere Aufmerksamkeit gilt den Bildern, die erscheinen, und den Geschichten, die sie erzählen. Ganz ähnlich verhält es sich auch bei unserem Wissen von unserem Bewusstsein. Aber wir sind uns normalerweise lediglich der vielen verschiedenen Wahrnehmungen, Gedanken und Gefühle bewusst, die im Geiste erscheinen. Wir nehmen nur selten das Bewusstsein selbst wahr.

Bewusstsein in allem

Die Fähigkeit zum Bewusstsein beschränkt sich nicht auf Menschen. Ein Hund nimmt nicht all die Dinge wahr, die wir wahrnehmen. Er denkt nicht und wägt nicht ab, wie wir Menschen es tun, und seine Selbstwahrnehmung hat wahrscheinlich eine andere Tiefe, aber das heisst nicht, dass ein Hund nicht über seine eigene innere Erfahrungswelt verfügt.

Wenn ich einen Hund betrachte, nehme ich an, dass er sich ebenfalls ein mentales Abbild der Welt schafft, voller Geräusche, Farben, Gerüche und Empfindungen. Er scheint Leute und Orte wiederzuerkennen, ähnlich wie wir. Ein Hund kann gelegentlich Furcht wie auch Aufregung zeigen. Wenn er schläft, scheint er zu träumen, seine Füßen und Zehen bewegen sich zuckend, in seiner Phantasie erregt ihn der Geruch eines Kaninchens.

Und wenn der Hund jault oder winselt, dann vermuten wir, dass er tatsächlich Schmerzen empfindet, denn wenn wir nicht annehmen würden, dass Hunde Schmerzen empfinden, würden wir uns nicht die Mühe machen, ihnen vor Operationen ein Narkotikum zu geben.

Wenn Hunde also ein Bewusstsein haben, dann haben Katzen, Pferde, Wild, Delphine, Wale und andere Säugetiere es auch. Sie mögen sich nicht derart ihrer selbst bewusst sein, wie wir es sind, aber sie sind nicht bar innerer Erfahrung. Dasselbe gilt für Vögel; zum Beispiel scheinen einige Papageienarten genauso wahrzunehmen wie Hunde. Und wenn Vögel empfindende Geschöpfe sind, dann sind es meiner Meinung nach andere Wirbeltiere auch – Alligatoren, Schlangen, Frösche, Lachse und Haie. Wie unterschiedlich auch immer ihre Erfahrungen sein mögen, gemein ist ihnen allen die Fähigkeit zum Bewusstsein.

Dieselben Argumente gelten für Geschöpfe, die auf unserem evolutionären Stammbaum weiter unten angesiedelt sind. Das Nervensystem der Insekten ist nicht so komplex wie das unsrige, und Insekten erfahren die Welt nicht in der Fülle und Vielfalt wie wir es tun, aber es gibt für mich keinen Grund daran zu zweifeln, dass sie über eine Art innerer Erfahrung verfügen.

Wo soll die Linie also gezogen werden? Wir gehen grundsätzlich davon aus, dass es einer Art von Gehirn oder Nervensystem bedarf, um das Bewusstsein entstehen zu lassen. Aus der Perspektive des materialistischen Metaparadigmas stellt dies eine vernünftige Annahme dar. Wenn das Bewusstsein Vorgängen der materialistischen Welt entstammt, dann müssen diese Vorgänge irgendwo stattfinden, und hierfür ist das Nervensystem der nächstliegende Kandidat.

Genau hier begegnen wir aber dem Grundproblem des materialistischen Metaparadigmas. Ob wir uns nun das menschliche Gehirn mit seinen Zehntausenden von Zellen oder einen Nematodenwurm mit seinen etwa hundert Neuronen ansehen, das Problem ist dasselbe: Wie kann die reine Materie jemals Bewusstsein hervorbringen?

Panpsychismus

Dem gegenwärtigen Metaparadigma liegt die Annahme zugrunde, dass Materie unempfindsam ist. Die Alternative hierzu ist, dass die Fähigkeit zum Bewusstsein eine fundamentale Qualität der Natur ist. Das Bewusstsein entspringt nicht irgendeiner speziellen Anordnung von Nervenzellen oder sich zwischen ihnen abspielenden

Vorgängen oder irgendwelchen anderen physischen Gegebenheiten: es ist immer gegenwärtig.

Wenn die Fähigkeit zum Bewusstsein allgegenwärtig ist, dann bedarf das Verhältnis des Bewusstseins zum Nervensystem einer neuen Betrachtung. Es ist nicht der Schöpfer, sondern eher der Verstärker des Bewusstseins und erhöht den Reichtum und die Qualität der Erfahrung. Mit einem Nervensystem ausgestattet zu sein ist – in Analogie zum Videoprojektor – gleichbedeutend mit dem Vorhandensein der Linse im Projektor. Ohne die Linse gibt es immer noch Licht auf der Leinwand, aber die Bilder dort sind viel weniger deutlich.

In Kreisen der Philosophie wird das Modell der Allgegenwart von Bewusstsein *Panpsychismus* genannt (aus dem Griechischen *Pan*, was „alles" heißt, und *Psyche*, was „Seele" oder „Geist" heißt). Unglücklicherweise deuten die Begriffe Seele und Geist darauf hin, dass simple Lebensformen Qualitäten von Bewusstsein besitzen mögen, so wie sie bei Menschen vorkommen. Um diesem Missverständnis aus dem Weg zu gehen, benutzen einige zeitgenössische Philosophen den Begriff *Panexperimentalismus* – alles hat Erfahrung. Ich persönlich ziehe die Bezeichnung *Pansentience* vor (alles hat Empfinden).

Wie auch immer man die Sichtweise bezeichnet, die Grundaussage ist doch die, dass die Fähigkeit zur inneren Erfahrung sich nicht aus dem völlig Empfindungslosen, der nicht erfahrungsfähigen Materie, entwickelt oder gebildet haben kann. Die Erfahrung kann nur von da kommen, wo schon Erfahrung ist. Daher muss die Fähigkeit zum Bewusstsein von Anbeginn des evolutionären Stammbaums an gegenwärtig gewesen sein.[6]

Wir wissen, dass Pflanzen gegenüber vielfältigen Einflüssen der Umwelt empfindlich sind – Tageslänge, Temperatur, Feuchtigkeit, atmosphärischen Chemikalien. Sogar einige einzellige Organismen sind gegenüber physischen Vibrationen, Licht und Hitze empfind-

---

6 In Christian de Quincey's ausgezeichnetem Artikel *Consciousness all the way down?*, Journal of Consciousness Studies, 1, Nr. 2, S. 217-229, werden die Themen Panpsychismus und Panexperimentalismus im Einzelnen und ausführlich behandelt.

lich. Wer kann denn sagen, dass sie nicht gleichermaßen ein entsprechendes Glimmen von Bewusstsein haben? Ich behaupte nicht, dass sie genau wie wir wahrnehmen oder dass sie Gedanken oder Gefühle haben; ich sage lediglich, dass sie die Fähigkeit zum Bewusstsein haben; da besteht ein Hauch von Empfinden. Es kann sich hier um ein Billionstel unseres eigenen Erfahrungsvermögens und dessen Intensität handeln, aber dennoch ist es da.

Entsprechend dieser Sichtweise gibt es keine Stelle, an der eine Linie zwischen bewussten und unbewussten Einheiten gezogen werden kann; es besteht ein Hauch von Empfinden, wie schwach er auch sein mag, in Viren, Molekülen, Atomen und sogar in Elementarteilchen.

Manche Leute geben zu bedenken, dies bedeute, auch Felsen nähmen die Welt um sich herum wahr und hätten möglicherweise Gedanken, Gefühle und ein dem des Menschen ähnliches Innenleben. Das ist natürlich eine absurde Annahme und sie war nie beabsichtigt. Wenn ein Bakterium zu einem Billionstel der Erfahrungsfülle und -intensität eines Menschen fähig ist, dann ist das Ausmaß der Erfahrung in den Mineralien eines Felsens möglicherweise noch eine Billion Mal schwächer. Sie besäßen keine Einzige der Qualitäten des menschlichen Bewusstseins – nur den allerschwächsten Hauch von Empfinden.

Die Evolution des Bewusstseins

Wenn die Fähigkeit zum Bewusstsein eine universelle Fähigkeit ist, dann ist das Bewusstsein nicht erst zusammen mit dem Menschen, den Säugetieren oder zu irgendeinem speziellen Zeitpunkt der biologischen Evolution in Erscheinung getreten. Was sich während des Verlaufs der Evolution hervorbildete, war nicht die *Fähigkeit* zum Bewusstsein, sondern die vielfältigen Erscheinungsformen und Dimensionen bewusster Erfahrung – der *Inhalt* des Bewusstseins.

Frühe Organismen, Bakterien und Algen, hatten keine Sinnesorgane und konnten lediglich grundsätzliche Merkmale und Veränderungen ihrer Umwelt erkennen. Man könnte deren Erfahrung mit einem extrem schwachen, fast unmerklichen Schimmer von Licht auf einer ansonsten dunklen Leinwand vergleichen – buchstäblich verschwindend gering gegenüber der Fülle und Intensität, mit denen sich menschliche Erfahrung abspielt.

Die Evolution brachte mit den Organismen der Mehrzeller die Herausbildung spezifischer Sinne hervor. Einige Zellen spezialisierten sich auf die Wahrnehmung von Licht, andere auf Vibration, Druck oder Veränderungen der chemischen Zusammensetzung. Das Zusammenwirken dieser Zellgruppen führte zur Bildung von Sinnesorganen, die die Genauigkeit und die Beschaffenheit der dem Organismus verfügbaren Informationen verstärkten – und die Qualität des Bewusstseins erweiterten.

Es entstand das Nervensystem, das es ermöglichte, diese zusätzlichen Informationen zu verarbeiten und an andere Teile des Organismus weiterzuleiten. Mit dem Anwachsen der Komplexität von Informationen entstanden zentrale Verarbeitungssysteme, welche die unterschiedlichen sensorischen Modalitäten zu einem einzigen Abbild der Welt zusammenfügten.

Als die Komplexität des Gehirns zunahm, wurden dem im Bewusstsein erscheinenden Bild neue Fähigkeiten hinzugefügt. Mit den Reptilien trat das limbische System in Erscheinung, es war das Bindeglied zwischen Gehirn und Grundgefühlen wie Angst und Erregung. Bei Vögeln und Säugetieren kam es zu einer noch komplexeren Gestaltung des Gehirns, es bildete um sich herum neue Strukturen, den zerebralen Kortex. Hiermit verbesserte sich die Gedächtnisleistung, fokussierte sich die Aufmerksamkeit, und es wuchsen die Fähigkeit zur Absicht sowie die Kraft der Vorstellung.

Das im Bewusstsein entstehende Bild hat mittlerweile die Fülle von Einzelheiten und die Variationsvielfalt erlangt, wie sie unserer eigenen Erfahrung zugrunde liegen. Aber hier ist die Geschichte noch nicht zu Ende. Mit dem Menschen kam noch eine weitere neue Fähigkeit ins Spiel – die Sprache. Und mit dieser Errungenschaft machte die Evolution des Bewusstseins einen riesigen Satz nach vorn.

Zu Beginn konnten wir Worte einsetzen, um miteinander Erfahrungen auszutauschen. Unsere Wahrnehmung der Welt beschränkte sich nunmehr nicht mehr auf selbst erlebte Vorgänge, wir waren in der Lage, von Dingen zu erfahren, die sich an anderen

Orten und zu anderen Zeiten abgespielt hatten. Wir konnten aus den Erfahrungen des jeweils anderen lernen und somit beginnen, ein kollektives Gebilde aus Wissen von der Welt zu erschaffen.

Am bemerkenswertesten wirkte sich die Anwendung der Sprache im Menschen selbst aus. Indem wir Wörter hörten, die nur im Geiste und nicht wirklich ausgesprochen wurden, konnten wir mit uns selbst sprechen. Eine ganz neue Dimension wurde unserem Bewusstsein hinzugefügt: das verbale Denken. Wir konnten Konzepte bilden, Ideen verfolgen, Muster in Abläufen abschätzen, Vernunft anwenden und damit beginnen, das Universum, in welchem wir uns aufhielten, zu verstehen.

Hier nun vollzog sich der insgesamt wichtigste Sprung nach vorn. Wir konnten nicht nur über die Natur der Welt um uns herum nachdenken, wir konnten auch über das Denken selbst nachdenken. Wir wurden uns unser Selbst bewusst – bewusst auch unseres eigenen Bewusstseins. Hiermit wurde einem gänzlich neuen Areal von Entwicklung die Tür aufgestoßen. Dies war der Beginn der Erforschung der in uns liegenden Welt des Geistes und letztendlich des Vordringens in die Natur des Bewusstseins selbst.

4

Die Illusion Wirklichkeit

Alles, was wir sehen, alles was wir wähnen,
ist lediglich im Traum geträumt.

EDGAR ALLAN POE

Uns allen ist die Fähigkeit zum Bewusstsein gemein. Was sich jedoch innerhalb unseres Bewusstseins abspielt, die Formen, die das Bewusstsein annimmt, ist sehr unterschiedlich. Es ist unsere persönliche Realität, die Realität, wie wir sie kennen und erfahren. Unweigerlich halten wir diese persönliche Realität für die physische Realität – wir glauben, in direktem Kontakt mit der Welt „da draußen" zu stehen. Aber die Farben und Geräusche, die wir wahrnehmen, sind in Wirklichkeit gar nicht „da draußen"; es sind alles Abbilder im Geist, Bilder einer Realität, die wir konstruiert haben.

Die Vorstellung, dass wir nicht in der Lage sind, die physische Welt direkt zu erfahren, hat schon viele Philosophen beschäftigt. Der bemerkenswerteste Ansatz stammt von dem deutschen Philosophen Immanuel Kant aus dem 18. Jahrhundert, der eine ganz klare Unterteilung zwischen Dingen, die im Geiste erscheinen – die er *Phänomenon* nannte (griechisch für „wie es zu sein scheint") – und der Welt, der die Wahrnehmung entspringt und die er *Noumenon* nannte („das was erfahren wird"). Kant beharrte darauf, dass wir lediglich das Phänomenon wahrnehmen können. Das Noumenon, „die Sache an und für sich", entzieht sich demnach gänzlich unserer Erkenntnis.

Bereits ein Jahrhundert zuvor hatte John Locke – ein britischer Philosoph – angeführt, dass alle Kenntnisse auf Wahrnehmungen basieren, die dadurch ausgelöst werden, dass externe Objekte die Sinne ansprechen. Während Locke jedoch dachte, Wahrnehmung sei passiv, der Geist also die Bilder, die von den Sinnen geliefert werden, widerspiegele, war es Kants Verständnis, dass der Geist einen aktiven Beitrag zu dem Prozess leistet, unaufhörlich seine Erfahrung von der Welt mit einbeziehend. Er glaubte also, dass die Realität etwas ist, das jeder für sich selbst schafft.

> Bezüglich der letztgültigen Dinge können wir nichts wissen, und nur, wenn wir dies anerkennen, finden wir unser Gleichgewicht wieder.
>
> Carl Jung

Im Gegensatz zu einigen seiner Vorgänger behauptete Kant nicht, dies sei die einzige Realität. Der irische Theologe Bischof Berkeley argumentierte, dass wir nur unsere Wahrnehmungen kennen, und zog daraus den Schluss, dass außerhalb unserer Wahrnehmungen nichts existiere. Das brachte ihn bei der Frage in Erklärungsnot, was denn mit der Welt geschähe, wenn sie von niemandem wahrgenommen würde. Kants Überzeugung war, dass es eine Realitätsebene gibt, die wir jedoch niemals direkt kennen würden. Wir könnten lediglich das kennen, was in unserem Geist erscheint.

Das Bild im Geiste

Es war bemerkenswert, dass Kant diese Folgerungen ohne jegliche Kenntnis der geltenden wissenschaftlichen Erkenntnisse zog, ebenfalls ohne Kenntnis der Physiologie der Wahrnehmung. Heute wissen wir viel mehr darüber, wie im Gehirn die Bilder zur Realität zusammenfügt werden.

Wenn ich einen Baum ansehe, entsteht durch das durch den Baum reflektierte Licht dessen Bild auf der Netzhaut meiner Augen. Photoempfindliche Zellen in der Netzhaut setzen Elektronen frei, die elektrochemische Impulse auslösen, die wiederum über den Sehnerv den optischen Teil des Gehirns ansprechen. Hier werden die Daten komplexen Prozessen unterzogen und als Formen, Muster, Farben und Bewegungen erkannt. Das Gehirn fügt diese Informationen zu einem kohärenten Ganzen zusammen, indem es die externe Welt rekonstruiert. Am Ende entsteht ein Abbild des Baumes in meinem Bewusstsein. Genau an dieser Stelle des Vorgangs liegt das zuvor besprochene „harte Problem", nämlich wie die neuronalen Aktivitäten die bewusste Erfahrung bedingen. Obwohl wir keine Ahnung davon haben, wie ein Bild im Geist entsteht, geschieht dies. Ich habe die bewusste Erfahrung, einen Baum zu sehen.

Ähnliche Vorgänge finden in anderen Bereichen der Sinneswahrnehmung statt. Eine vibrierende Violinsaite lässt Druckwellen in der Luft entstehen. Diese Wellen stimulieren winzigste Härchen im Innenohr, diese senden elektrische Impulse ans Gehirn. Wie bei der optischen Wahrnehmung werden auch hier die Rohdaten analysiert und integriert und schließlich münden diese Reize in die Erfahrung, Musik zu hören.

Chemische Moleküle, die von der Schale eines Apfels ausgehen, sprechen Rezeptoren in der Nase an, man erlebt den Duft eines Apfels. Und die Zellen der Haut senden Botschaften ans Gehirn, die bei uns Gefühle von Berührung, Druck, Oberflächenstruktur und Wärme hervorrufen.

Kurz, all das, was ich wahrnehme – alles, was ich sehe, höre, schmecke, anfasse und rieche, ist durch Rekonstruktion sensorischer Daten entstanden. Ich denke, ich nehme die Welt um mich herum wahr, aber das Einzige, dessen ich mir bewusst bin, sind die Farben, Formen, Geräusche und Gerüche, wie sie im Geist erscheinen.

> Das Weltbild eines jeden ist und bleibt ein
> Gebilde seines Geistes, und es gibt keinen Beweis dafür,
> dass es eine andere Existenz hat.
>
> *Erwin Schrödinger*

Unsere Wahrnehmung von der Welt macht äußerst überzeugend den Eindruck, als handele es sich um Dinge „da draußen", aber sie sind ebenso wenig „draußen", wie es unsere nächtlichen Träume sind. In unseren Träumen nehmen wir Anblicke, Geräusche und Empfindungen wahr, die um uns herum geschehen. Wir sind uns unseres Körpers bewusst. Wir denken und wägen ab. Wir empfinden Furcht, Ärger, Vergnügen und Liebe. Wir erleben andere als separate Individuen, die mit uns sprechen und interagieren. Der Traum scheint sich „da draußen", in der Welt um uns herum abzuspielen. Wir merken erst, wenn wir wach werden, dass alles bloß ein Traum war – eine Schöpfung unseres Geistes.

Wenn wir sagen, „es war alles bloß ein Traum", dann ist dies ein Hinweis darauf, dass die Erfahrung nicht auf der physischen Realität beruht. Die Erfahrung wurde erzeugt durch Erinnerungen, Hoffnungen, Ängste und andere Faktoren. Im wachen Zustand basiert unser Bild der Welt auf den sensorischen Informationen, die von der physischen Umgebung ausgehen. Dies verleiht unserer Wachwahrnehmung die Durchgängigkeit und Wirklichkeitsebene, die wir in Träumen nicht haben. Aber in Wirklichkeit entsteht sie ebenso in unserem Geiste wie unsere Träume.[7]

> Ich habe allem, das ich sehe ... die Bedeutung gegeben, die es für mich hat.
>
> *Ein Kurs in Wundern*

Ich weiß, dass dies dem Menschverstand komplett zuwiderläuft. In diesem Moment sind Sie sich der Seiten dieses Buches, anderer Gegenstände in Ihrer Umgebung, Empfindungen Ihres Körpers und Geräusche in der Luft bewusst. Obwohl Sie diese Dinge als Rekonstruktionen der Realität verstehen können, haben Sie doch den

---

7 Dies soll nicht bedeuten, dass wir die physische Realität selbst erzeugen. Es gibt Menschen, die davon überzeugt sind, dass unser Denken und unsere Haltung Auswirkungen auf den Zustand der physischen Welt hat. Ob das möglich ist, ist eine ungelöste Frage. Ich weise hier nur darauf hin, dass wir unsere persönliche Erfahrung erzeugen.

Eindruck, Sie nehmen die physische Welt um sich direkt wahr. Ich will Sie nicht von etwas anderem überzeugen. Im Moment reicht es, zu verstehen, dass alle Erfahrung ein vom Geiste geschaffenes Abbild der Realität ist.

Brüche in der Realität

Wir zweifeln unsere Eindrücke, die Welt direkt zu erleben, in der Regel nicht an. Nur gelegentlich begegnen wir Phänomenen, die zu Brüchen in unserer Konstruktion der Realität führen können. Visuelle Illusionen sind ein gutes Beispiel dafür. Diese entstehen immer dann, wenn das Gehirn die über die Sinne aufgenommenen Daten missinterpretiert und ein Bild von der Wirklichkeit erzeugt, das entweder irreführend oder nicht stimmig ist.

Die unten abgebildete Illustration ist ein gutes Beispiel. Diese Zeichnung eines Würfels haben wir alle schon oft angeschaut, aber: Ist es nun ein Würfel, den wir von oben oder von unten betrachten?

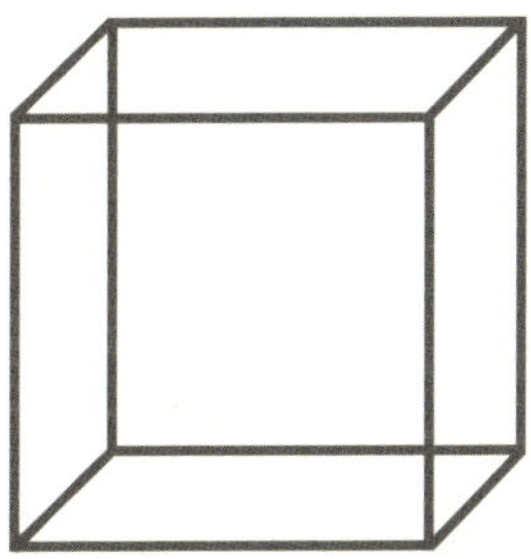

Die meisten Leute sagen als Erstes: „von oben". Das hängt wahrscheinlich damit zusammen, dass wir üblicherweise eckige Gegenstände von oben betrachten – Tische, Kästen, Fernsehapparate, Computer-Bildschirme usw. Wir sehen uns solche Dinge weniger oft von unten an. Aber wenn Sie Ihre Aufmerksamkeit auf die obere Linie lenken und sie kraft Ihrer Vorstellung nach vorn holen, können Sie Ihre Wahrnehmung ändern und den Würfel aus einem anderen Blickwinkel betrachten.

Die Faszination dieser Abbildung ist jedoch nicht, sie aus zwei unterschiedlichen Blickwinkeln ansehen zu können. Wie immer Sie das Bild auch ansehen, Sie sehen den Würfel dreidimensional. In

Wirklichkeit aber schauen Sie auf zwölf Linien auf einem Blatt. Ihre Erfahrung sieht ein Objekt mit Tiefe. Diese Tiefe mag ganz real erscheinen, aber sie ist nichts anderes als eine von Ihrem Gehirn geschaffene Interpretation.

Maya

Es gibt daher zwei Realitäten. Es gibt die physische Realität – was immer tatsächlich „da draußen" ist, das unsere Sinne anspricht – und es gibt die persönliche Realität, die jeder von uns erfährt, die Rekonstruktion der Welt, wie sie in unserem Geist erscheint. Und beide sind ganz real.

Einige Menschen behaupten, dass unsere subjektive Realität eine Illusion ist. Aber das ist irreführend. Es mag sich bei allem um Schöpfungen des Geistes handeln, aber nichtsdestoweniger sind diese sehr, sehr real – die einzige Realität, die wir jemals kennenlernen können.

Die Illusion entsteht dann, wenn wir die Realität, die wir erfahren, mit der physischen Realität, der Sache an und für sich, verwechseln. Die vedischen Philosophen aus dem alten Indien bezeichneten diese Verwirrung als *Maya*. Der Begriff wird oft als Illusion (falsche Wahrnehmung der Welt) übersetzt, *Maya* interpretiert man aber richtiger als *Delusion* (eine falsche Auffassung von der Welt). Ich leide unter einer Delusion, wenn ich die Bilder in meinem Geist für die externe Welt halte. Ich betrüge mich, wenn ich denke, es sei der Baum selbst, den ich sehe.

> Die Dinge sind nicht, was sie zu sein scheinen,
> noch sind sie anders.
>
> LANKAVATARA SUTRA

Unsere Annahme, wir interagieren auf direkte Weise mit der physischen Realität, hat enge Parallelen zu der Art und Weise, wie wir auf Bilder auf einem Computer-Bildschirm reagieren. Bewege ich die Maus meines Computers, sieht es so aus, als bewege sich der Cursor auf dem Bildschirm. Tatsächlich aber sendet die Maus eine Vielzahl von Daten an den Prozessor, der die neue Position für den Cursor errechnet und dann die Darstellung auf dem Bildschirm aktualisiert. Bei den ersten Computern kam es zu noch wahrnehmbaren Verzögerungen zwischen der Eingabe eines Befehls und dessen Sichtbarwerden auf dem Bildschirm. Heute sind die Computer so schnell, dass sie die Abbildung auf dem Bildschirm in Bruchteilen einer Sekunde neu kalkulieren können, und eine sichtbare Verzögerung zwischen den Maus-Bewegungen und denen des Cursors auf dem Bildschirm gibt es nicht mehr. Und so bin ich fest davon überzeugt, dass ich den Cursor über den Bildschirm bewege.

Unsere Erfahrung des täglichen Lebens ist ganz ähnlich. Wenn ich einen Stein wegkicke, wird die Absicht, meinen Fuß zu bewegen, meinem Körper mitgeteilt, und mein Fuß in der physischen Welt bewegt sich, um den physischen Stein anzustoßen. Aber ich erfahre die Interaktion nicht direkt. Das Gehirn erhält die Information, die von den Augen und dem Körper zurückgemeldet werden, und aktualisiert mein Bild von der Realität entsprechend.

Genau wie beim Computer besteht eine kleine Verzögerung zwischen dem Vorgang in der physischen Welt und meinem Erleben des Vorgangs. Mein Gehirn braucht etwa ein Fünftel einer Sekunde, um die Sinneswahrnehmung weiterzuleiten und daraufhin das entsprechende Bild der Realität zu erzeugen. Daher erfolgt meine bewusste Wahrnehmung ein Fünftel einer Sekunde nach der physischen Realität. Aber diese Abweichung fällt mir gar nicht auf, weil das Gehirn diesen Verzug sehr intelligent überspielt, so dass ich den Eindruck habe, dass ich direkt mit der physischen Welt interagiere.

Nicht erfahrbare Wirklichkeit

Wenn wir letztendlich nur Abbildungen in unserem Geist erfahren können – wie können wir sicher sein, dass unsere Wahrnehmung überhaupt auf einer physischen Realität beruht? Ist dies nicht eine reine Annahme? Meine Antwort hierauf lautet: Ja, es ist eine Annahme, es scheint aber trotzdem eine sehr plausible zu sein.

Zuerst ist meine Erfahrung bestimmten Einschränkungen unterworfen. Ich kann beispielsweise nicht durch Wände hindurchgehen. Würde ich das versuchen, müsste ich mit vorhersehbaren Folgen rechnen. Ich kann ebenso wenig, wenn ich wach bin, durch die Luft gleiten oder über das Wasser gehen.

Zweitens folgen unsere Erfahrungen grundsätzlich sehr genau strukturierten Gesetzen und Prinzipien. Durch die Luft geworfene Bälle folgen präzise vorgeschriebenen Bahnen. Eine Tasse Kaffee kühlt in immer ähnlichen Raten ab. Die Sonne geht pünktlich auf.

Und drittens ist diese Vorhersehbarkeit bereits in uns verankert. Wir alle erleben aus Erfahrung ähnliche Muster. Die simpelste Schlussfolgerung, die man aus diesen Einschränkungen und deren Durchgängigkeit ziehen kann, ist die, anzunehmen, dass es wohl tatsächlich eine physische Realität gibt. Mögen wir sie auch nie direkt erfahren, sie ist dennoch da.

Die Natur dieser elementaren Realität zu erschließen, war das Ziel so mancher wissenschaftlichen Bemühungen, und die Wissenschaftler haben mit den Jahren viele der Gesetze und Prinzipien herausgefunden, von denen die Realität bestimmt wird. Je tiefer sie aber in die wirkliche Natur der Realität vordrangen, je deutlicher schien sich zu erweisen, dass die physische Realität ganz anders ist, als wir sie uns vorgestellt haben.

Das kann eigentlich nicht allzu sehr überraschen. Wenn das Einzige, das wir uns vorstellen können, die Formen und Qualitäten sind, die im Bewusstsein abgebildet werden, dann können dies wahrscheinlich keine angemessenen Modelle zur Beschreibung der dahinterliegenden physischen Realität sein.

Zweitausend Jahre lang wurde geglaubt, Atome seien winzige massive Kügelchen – ein Denkmodell aus der Alltagserfahrung. Als dann die Physiker entdeckten, dass die Atome aus elementaren subatomaren Teilchen (Elektronen, Protonen, Neutronen und dergleichen) bestehen, wandelte sich das Modell zu dem eines Kerns, umgeben von Elektronen, die ihn auf Kreisbahnen umkreisen – das war wiederum ein auf Erfahrung basierendes Modell.

Ein Atom ist klein, nur ein Billionstel eines Zentimeters im Durchmesser, und diese subatomaren Teilchen sind noch hunderttausendmal kleiner. Stellen Sie sich einen Atomkern auf die Ausmaße eines Reiskorns vergrößert vor. Das ganze Atom wäre dann so groß wie ein Fußballstadion und die Elektronen wären umherfliegende Reiskörnchen. Der britische Physiker Sir Arthur Eddington stellte es so dar: „Die Materie ist eigentlich im Großen und Ganzen ein erschreckend leerer Raum" – und zwar ein zu 99,9999999 % leerer Raum, um es ein wenig genauer zu sagen.

Wenn die physische Realität hauptsächlich aus leerem Raum besteht, warum erscheint die Welt so substantiell und solide? Warum sind die 99,9... % leerer Raum meiner Hand nicht in der Lage, die 99,9... % leeren Raums des Tisches, auf dem sie ruht, zu durchdringen? Die einfachste Erklärung hierfür ist, dass die Elektronen den Atomkern derart schnell umkreisen, dass eine undurchdringliche Schale gebildet wird, die von anderen Partikeln normalerweise nicht durchdrungen werden kann. Stellen Sie sich einen Menschen vor, der ein Gewicht an einem Seil um sich herumschleudert. Sie sind nicht in der Lage, so nahe an ihn heranzugelangen, um ihn berühren zu können, denn das herumkreisende Gewicht hält Sie auf Abstand. Ähnlich ist es bei Atomen, die aufeinandertreffen. Ihre elektronischen Kreisbahnen halten sich gegenseitig davon ab, einander zu durchdringen, und sie verhalten sich wie massive Bälle.

> Die Materie besteht nicht aus Materie.
>
> *Hans-Peter Dürr*

Mit der Entwicklung der Quantentheorie fanden die Physiker heraus, dass sogar die subatomaren Teilchen weit davon entfernt sind, massiv zu sein. Sie sind in der Tat überhaupt nicht wie Materie beschaffen; zumindest nicht wie die Materie, wie wir sie kennen. Sie können nicht festgehalten und präzise vermessen werden. Sie sind wie diffuse Wolken von möglicher Existenz, ohne bestimmten Ort. Wie immer die Materie beschaffen ist, sie hat, wenn überhaupt, nur ganz geringe Substanz.

Sehen, was nicht da ist

Die Abbildung der Welt im Gehirn hat sehr wenig mit der tatsächlichen physischen Welt zu tun, und dies in zweifach komplementärer Hinsicht.

4

Einerseits ist unser Abbild von der Realität insofern mehr als die physische Realität, als sie viele Qualitäten enthält, die in der letzteren gar nicht vorkommen. Nehmen wir beispielsweise meine Erfahrung von der Farbe Grün. Da mag Licht mit unterschiedlichen Frequenzen vorhanden sein, aber das Licht selbst ist nicht grün, noch sind die elektrischen Impulse, die vom Auge zum Gehirn gehen, grün. Da gibt es gar keine Farbe. Das Grün, das sich sehe, ist eine Qualität, die mein Bewusstsein herstellt. Es existiert nur als eine subjektive Erfahrung im Geist.

Dasselbe gilt für Geräusche. Als Bischof Berkeley behauptete, es existierten nur die Dinge, die wahrgenommen würden, entbrannte eine heftige Debatte um die Frage, ob ein fallender Baum ein Geräusch mache, wenn niemand da sei, der dies höre. Zu der Zeit war über die Schallwellenbewegung in der Luft und über die Funktionsweise von Ohr und Gehirn nichts bekannt. Heute wissen wir mehr über diese Vorgänge, und die Antwort lautet ganz klar „nein“. Es gibt kein Geräusch in der physischen Realität; Schallwellen in der Luft vielleicht, aber kein Geräusch. Das existiert lediglich als eine Erfahrung im Geist des Betrachters – wenn dieser Betrachter ein Mensch, ein Tier, ein Vogel oder eine Ameise ist.

Andererseits ist unser Abbild von der Realität weniger als die physische Realität, insoweit es viele Aspekte der externen Welt gibt, die wir niemals wahrnehmen.

Beispielsweise haben unsere Augen eine Lichtsensibilität in dem engen Frequenzbereich von 430.000 bis 750.000 Gigahertz (ein Gigahertz entspricht einer Billion Zyklen pro Sekunde). Infrarotlicht hat niedrigere Frequenzen, und noch weniger haben Mikro- und Radiowellen. Im höheren Frequenzbereich finden wir das ultraviolette Licht und darüber hinaus Röntgenstrahlen und Gammastrahlen. Unsere Augen nehmen von diesen hohen und tiefen Frequenzen keine einzige wahr, so dass unser Abbild von der Realität nur einen kleinen Bruchteil dessen, was da ist, darstellt.

Dasselbe gilt für unsere anderen Sinne. Was wir hören, schmecken und fühlen, ist nichts weiter als ein kleiner Ausschnitt der physischen Realität. Darüber hinaus gibt es noch Aspekte der physischen Welt wie zum Beispiel Magnetfelder und elektrische Ladung, die sich auf unsere Erfahrung, wenn überhaupt, nur ganz geringfügig auswirken.

Menschen mögen nicht in der Lage sein, diese anderen Facetten der Realität zu sehen, einige Lebewesen können dies. Beispielsweise können Hunde viel höherfrequente Laute noch wahrnehmen, als wir es können, und man schätzt, dass ihre Nasen eine Million Mal sensibler wahrnehmen als unsere. Könnten wir uns in einen Hund hineinversetzen, würden wir uns in einer anderen Welt wiederfinden. Stellen Sie sich vor, wie es wäre, wenn man noch Stunden, nachdem ein Mensch vorübergegangen ist, dessen Geruch erschnuppern könnte und in der Lage wäre, diesem Geruch kilometerweit zu folgen und ihn zudem von Hunderten anderer Gerüche zu unterscheiden.

> Wir wissen, dass es nicht einen Raum und eine
> Zeit gibt, sondern so viele Räume und Zeiten,
> wie es Subjekte gibt.
>
> *Jakob von Uexküll*

Wir können uns die Realitätsbildung eines Hundes ziemlich leicht vorstellen, da seine Sinneswahrnehmung eine Erweiterung unserer eigenen darstellt. Es ist jedoch ungleich schwieriger, sich in die Vorstellungswelt eines Delphins hineinzuversetzen. Mit einem hoch entwickelten Echolot ausgestattet, haben Delphine ein Erfahrungsspektrum, von dem den meisten von uns nichts bekannt ist.[8] Wenn ein Delphin mich mit Hilfe seines Sonar-Systems wahrnimmt, so nimmt er keinen massiven Körper wahr. Sein sonografisch erzeugtes Bild lässt sich am ehesten mit den Ultraschall-Aufnahmen vergleichen, wie man sie während der Schwangerschaft vom Fötus macht. Der Delphin sieht mein schlagendes Herz, die Peristaltik meines Magens und meine Muskelanspannung. Er sieht dies mit derselben Deutlichkeit, wie ich sehe, dass jemand die Stirn runzelt.

---

8 Einige Blinde besitzen Echolot-Fähigkeiten, die sie möglicherweise zu ähnlichen, jedoch weniger entwickelten Erfahrungen befähigen.

Andere Arten erfahren Dinge, von denen wir überhaupt keine Vorstellung haben. Die meisten Schlangen verfügen über Organe, die Infrarot- und elektromagnetisch empfindlich sind, sie „sehen" somit die Hitze, die von ihrer Beute erzeugt wird. Bienen können ultraviolettes Licht sehen und sind der Polarisation von Licht gegenüber sensitiv. Haie, Aale und andere Fischarten können winzigste Veränderungen im elektrischen Feld wahrnehmen. Die Wirklichkeit, wie sie sich diesen Wesen darbietet, birgt Eigenschaften, die sich menschlicher Erfahrung vollkommen entziehen.

> Es gibt nicht ein einziges Wesen,
> das alles, was ist und was geschieht, wahrnimmt.
>
> JUDITH UND HERBERT KOHL

Schlussendlich gibt es so viele unterschiedliche Wahrnehmungen der Welt, wie es Arten von Lebewesen auf ihr gibt. Was wir für die Realität halten, ist nichts weiter als das Abbild der physischen Welt, wie es der menschliche Geist zu erkennen und zu interpretieren vermag.

Die neue kopernikanische Revolution

Immanuel Kant glaubte, er habe mit seinen Einsichten bezüglich der Welt der Wahrnehmung und der Differenzierung zwischen physischer und erfahrbarer Realität die Grundlage geschaffen für etwas, das er als „kopernikanische Revolution in der Philosophie" bezeichnete. Heute, nach zweihundert Jahren, scheint es, als habe er den Nagel auf den Kopf getroffen. In der kopernikanischen Revolution bestand die Schlüsseleinsicht in der Erkenntnis, dass sich die Erde durch den Raum bewegt. Kants Unterscheidung der beiden Realitäten ist ebenso eine Schlüsseleinsicht – eine, die uns die Tür zu einem neuen Metaparadigma öffnet.

In beiden dieser Fälle befand sich die Schlüsselerkenntnis im Widerspruch zur herrschenden Meinung. Zu Kopernikus' Zeiten schien es absolut unumstritten zu sein, dass die Erde stillstand. Heute erscheint es uns ebenso unumstritten, dass wir die physische

Welt direkt erfahren. Auch wenn wir vom Verstand her die Tatsache akzeptieren, dass unsere gesamte Erfahrungswelt ein Konstrukt im Geiste ist (und es bleibt uns nichts anderes übrig), so sehen wir doch weiterhin die Welt als „da draußen“ an.

Es kann sein, dass wir diese Sichtweise für immer beibehalten. Auch heute noch, fünf Jahrhunderte nach Kopernikus, sehen wir immer noch die Sonne untergehen, obwohl wir doch wissen, dass es in Wirklichkeit die Erde ist, die sich dreht.

Gerade hier ist uns aber auch ein anderer Blickwinkel gestattet. Man braucht nur eine Stelle aufzusuchen, an der man den Horizont gut überblicken kann. Und dann braucht man sich nur vorzustellen, dass man auf dieser riesigen Felskugel, genannt Erde, steht, die sich langsam von Westen nach Osten dreht. Während dieser Drehbewegung kommen neue Partien des Himmels im Osten ins Blickfeld, während andere im Westen aus ihm verschwinden. Anstatt die Sonne nun untergehen zu sehen, erkennt man, dass der Horizont sich nach oben bewegt und die Sonne verbirgt. Ähnlich ist es mit dem Aufgang des Mondes, wenn der entgegengesetzte Horizont sich hinabsenkt, um neue Einblicke zu gewähren. Wenn man seine Wahrnehmung nach diesem Beispiel verändert, wird der kopernikanische Wechsel zur Realitätserfahrung.

Es ist jedoch viel schwieriger, eine ähnliche Übung mit unserer Wahrnehmung von der Welt zu machen. Ich kann machen, was ich will – die Tatsache, dass es sich nur um ein Abbild innerhalb meines Geistes handelt, ist für mich nicht erfahrbar. Aber das heißt nicht, dass es unmöglich ist, die Dinge anders zu sehen. Einige spirituelle Meister, die die Natur des Bewusstseins persönlich tiefgehend erforscht und das Entstehen von Erfahrung bei sich verfolgt haben, behaupten, diese neue Wahrnehmung erlangt zu haben.

Vielleicht kommt eine der klarsten und prägnantesten Beschreibungen dieses alternativen Bewusstseinsmodus von dem zeitgenössischen indischen Lehrer Sri Nisargadatta Maharaj, der sein spirituelles Erwachen mit den Worten beschreibt:

Du stellst ohne den Hauch eines Zweifels fest,
dass die Welt in dir selbst ist und nicht Du in der Welt.

Ein anderer zeitgenössischer Weiser sagt:

Du bist das gesamte Universum, du bist in allem, alles ist in dir.
Die Sonne, der Mond und die Sterne kreisen in dir umher.

Und der Ashtavakra Gita, ein hochverehrter indischer Text, sagt aus:

Das Universum, dessen Phänomene in mir entstanden, wird von mir durchdrungen. Es ist von mir die Welt geboren, ihr Dasein ist in mir, in mir löst sie sich auf.

Es scheint, als seien diese Personen aus dem *Maya*-Traum erwacht – aus der *Delusion*, dass wir die physische Welt in direkter Weise wahrnehmen. Aus direkter persönlicher Erfahrung – und nicht als irgend so eine theoretische Idee – erkannten sie, dass die gesamte Welt eine Geistesmanifestation ist. Dies sind die Erleuchteten, wie wir sie manchmal bezeichnen, die persönlich den Wechsel zum neuen Metaparadigma schon vollzogen haben.

Die Realität auf den Kopf stellen

Ganz ähnlich wie von Kopernikus die Modelle des Kosmos auf den Kopf gestellt wurden, stellt die Unterscheidung zwischen der physischen Welt und unserer Erfahrung von ihr die Beziehung des Bewusstseins zur materiellen Welt auf den Kopf. Im herrschenden Metaparadigma wird angenommen, dass das Bewusstsein der Welt des Raums, der Zeit und der Materie entstammt. Im neuen Metaparadigma manifestiert sich alles, was wir kennen – Raum, Zeit und Materie einbegriffen – aus dem Bewusstsein heraus.

> Die Materie kommt aus dem Geist oder
> dem Bewusstsein und nicht das Bewusstsein
> aus der Materie.
>
> TIBETISCHES BUCH
> VON DER GROSSEN BEFREIUNG

Wir denken, die Welt, die wir um uns sehen, sei aus Materie und dass der Stoff, aus dem die Welt besteht (um ein schöneres Wort zu verwenden), eine materielle Angelegenheit ist. Was die aktuelle physische Wirklichkeit betrifft, ist das vielleicht auch so – über die letztgültige Natur dieser materiellen Angelegenheit bleiben wir jedoch immer im Ungewissen. Aber die Welt, die wir um uns herum sehen, ist nicht die physische Welt. Die Welt, die wir kennen, ist diejenige Welt, wie sie in unserem Geist Gestalt annimmt. Und diese Welt ist nicht aus Materie, sondern ein Produkt des Geistes. Alles, was wir wissen, wahrnehmen und uns vorstellen, jede Farbe, jedes Geräusch, Empfindung, Gedanke und Gefühl, stellt eine vom Geist angenommene Gestalt dar. Was diese Welt betrifft, so ist alles eine Struktur im Bewusstsein.

Kant behauptete, dies gelte ebenso für Raum und Zeit. Uns scheint die Realität von Raum und Zeit unwidersprochen. Sie scheinen elementare Dimensionen der physischen Welt zu sein, völlig unabhängig von meinem oder Ihrem Bewusstsein. Das kommt daher, so Kant, dass wir die Welt gar nicht anders zu sehen vermögen. Der menschliche Geist ist so beschaffen, dass er gezwungen ist, seine Erfahrungen innerhalb des Rahmens von Raum und Zeit zu konstruieren. Raum und Zeit jedoch sind keine elementaren Dimensionen der zugrunde liegenden Realität. Sie sind fundamentale Dimensionen des Bewusstseins.

Diese Behauptung war seinerzeit ungeheuerlich – und sie erscheint manchen unter uns immer noch ungeheuerlich – die zeitgenössische Physik jedoch verleiht dieser außergewöhnlichen Idee neues Gewicht.

5

Das Mysterium Licht

> Ich möchte den Rest meines Lebens über das Wesen des Lichts nachdenken.
>
> *Albert Einstein*

Meine Entscheidung, das Studium der theoretischen Physik mit dem der experimentellen Psychologie zu kombinieren, traf ich ganz beiläufig. Die theoretische Physik brachte mich den letztgültigen Wahrheiten der physischen Welt näher, während der Vorstoß in die experimentelle Psychologie meinen ersten Schritt in Richtung Entdeckung der inneren Welt des Bewusstseins darstellte. Je mehr ich aber auf beiden Gebieten vorankam, desto stärker ähnelten sich die Wahrheiten der inneren und äußeren Welten.

Die Brücke, die sie verband, war das Licht. Sowohl die Relativität wie auch die Quantenphysik – am Anfang des Entstehens beider Paradigmen der modernen Physik hatte jeweils die anomale Verhaltsweise des Lichts gestanden. Und beide führten zu radikal neuen Verständnisgrundlagen bezüglich der Natur des Lichts. Es schien, als nehme das Licht einen besonderen Platz im Kosmos ein; es schien in mancherlei Beziehung fundamentaler zu sein als Raum, Zeit und Materie.

Der Paradigmensprung in der Relativitätstheorie interessierte mich am meisten. In der High-School hatte ich mich mit seinen Auswirkungen auf die Natur von Raum und Zeit beschäftigt. An der Universität waren die Vorlesungen zu diesem Thema meine Lieblingsveranstaltungen. Und in jüngerer Vergangenheit habe ich festgestellt, dass die Relativität in dieselbe Richtung weist wie Kants Behauptungen.

Die Relativitätstheorie entsprang dem kuriosen Charakter der Lichtgeschwindigkeit. Der klassischen Physik zufolge sollten Messungen der Lichtgeschwindigkeit in Abhängigkeit von der Bewegung des Beobachters schwanken. Solche Schwankungen ereignen sich im Alltagsleben unentwegt. Wenn Sie zum Beispiel mit einer Geschwindigkeit von 20 km/h auf einer Landstraße Fahrrad fahren und ein Auto Sie mit einer Geschwindigkeit von 30 km/h überholt, so würde dieses Auto, bezogen auf Ihre Geschwindigkeit, mit einer Stundengeschwindigkeit von 10 km fahren. Würden Sie dann ein wenig schneller fahren, bis Sie schließlich auch 30 km/h erreicht hätten, dann wäre die Geschwindigkeit des Autos auf Sie bezogen 0 km pro Stunde, und Sie könnten sich mit dem Autofahrer unterhalten.

Das Licht reist millionenfach schneller als ein Fahrrad, daher würden Sie nicht erwarten, bei dessen Geschwindigkeit in Bezug auf Sie irgendwelche bedeutenden Unterschiede festzustellen. Dennoch würden Sie die Gültigkeit desselben Prinzips zugrunde legen. Je schneller Sie vorankämen, desto langsamer müsste die Lichtgeschwindigkeit in Bezug auf Sie werden. Aber als die Physiker versuchten, die Abweichungen zu untersuchen, kamen sie zu rätselhaften Ergebnissen: Ob man sich nun zum Licht hin oder vom Licht fort bewegt, die relative Lichtgeschwindigkeit blieb gleich.

Im Bann dieser Erkenntnisse entwickelten Albert Michelson und Edward Morley, zwei amerikanische Wissenschaftler, eine experimentelle Anordnung, mit deren Hilfe es möglich war, Schwankungen der Lichtgeschwindigkeit mit einer Genauigkeit von 2 Meilen pro Sekunde zu ermitteln, was ungefähr hundertmal genauer war als die erwartete Schwankung selbst. Sie kamen aber zu genau demselben Ergebnis: Die Lichtgeschwindigkeit variiert nie.

Dies war für das herrschende wissenschaftliche Paradigma eine bedeutende Anomalie. Warum gehorchte das Licht nicht denselben Gesetzen wie alles andere? Das ergab doch keinen Sinn.

Einsteins Paradigmensprung

Auftritt des jungen Albert Einstein. Nachdem er die Aufnahmeprüfung an der Hochschule für Elektro-Ingenieure nicht bestanden hatte und mehrmals als Lehrling abgewiesen worden war, hatte er zu guter Letzt in einem schweizerischen Patentbüro eine Stelle als „Hilfskraft dritten Grades" bekommen können. Während seiner Freizeit wälzte er verschiedene mathematische und physikalische Probleme, auch das der unerklärlichen Ergebnisse des Michelson-Morley-Experiments.

Im Jahr 1905 veröffentlichte er als ein der wissenschaftlichen Öffentlichkeit unbekannter Sechsundzwanzigjähriger zwei bahnbrechende Werke, eines über die Quanten des Lichts, dem wir uns in Kürze zuwenden, und eines über die „Elektrodynamik beweglicher Körper", in welchem er eine radikale Lösung des Problems der Lichtgeschwindigkeit vorlegte, welche der Begründung seiner speziellen Relativitätstheorie den Weg bereitete.[9]

Die Grundüberlegung der Relativität war an sich nicht neu. Zweihundertundfünfzig Jahre zuvor hatte Galileo festgestellt, dass in einem geschlossenen Raum ohne Fenster keinerlei Möglichkeit bestand, eine Bewegung oder einen Ruhezustand dieses Raums festzustellen. Jeder Versuch in bewegten Räumen führte zu denselben Ergebnissen wie Versuche in Räumen, die sich im Ruhezustand befanden.

Stellen Sie sich zum Beispiel einmal vor, Sie würden in einem fliegenden Flugzeug einen Tennisball fallen lassen. Der Ball wird (aus Ihrer Sicht) eine vertikale Fallbewegung zu Boden machen und wieder in Ihre Hand zurückprallen. Er wird nicht mit 500 Meilen pro Stunde im Heck des Flugzeuges auftreffen. Relativ zu Ihnen benimmt sich der Ball genauso, als stünden Sie auf festem Boden. Das Verhalten des Balls allein erlaubt keinerlei Rückschlüsse darauf, ob das Flugzeug in Bewegung ist oder stillsteht.

Galileos Theorie – heute bekannt als „klassische Relativität" – belegt, dass die Gesetze der Physik in allen in gleichförmiger Be-

9 Einstein bezeichnete sie „Spezielle Relativitätstheorie" in Abgrenzung zur „Allgemeinen Relativitätstheorie", die sich mit der Schwerkraft und den Krümmungen von Zeit und Raum beschäftigt.

1 amerik. Meil = 1,6 Km

wegung befindlichen Bezugskörpern dieselben sind. Gleichförmige Bewegung heißt: mit stetiger Geschwindigkeit in einer stetigen Richtung. Ändert das Flugzeug die Geschwindigkeit oder Richtung, so kann man merken, dass man sich in Bewegung befindet. Der Ball würde über den Boden rollen und man würde spüren, dass sich der Druck des Sitzes auf den Körper ändert.

Die klassische Relativität trifft Aussagen bezüglich der Bewegung physischer Objekte; das Licht wurde indessen nicht abgehandelt. Einstein brachte die klassische Relativität auf den neuesten Stand. Er legte dar, dass das Relativitätsprinzip allen physikalischen Gesetzen zugrunde liegt, einschließlich dem des Lichts. Danach sollten die Gesetze für alle in gleichförmiger Bewegung befindlichen Bezugskörpern übereinstimmen.

James Clark Maxwell behauptete 1864, dass Licht aus elektromagnetischen Wellen mit eigenen Bewegungsgleichungen bestünde. Diese Gleichungen bestimmten einen präzisen Lichtgeschwindigkeitswert von 186.282 Meilen pro Sekunde (ungefähr 670.000.000 Meilen pro Stunde). Wenn diese Gleichungen gemäß Einstein für alle in gleichförmiger Bewegung befindlichen Bezugskörper dieselben sind, dann muss die Lichtgeschwindigkeit innerhalb all dieser Körper dieselbe sein.

Mit anderen Worten: Wie schnell auch immer Sie sich fortbewegen, Sie werden immer eine Lichtgeschwindigkeit von 186.282 Meilen pro Sekunde vorfinden – genau wie es Michelson und Morley herausgefunden hatten. Selbst wenn Sie sich mit 186.281 Meile pro Sekunde fortbewegten, würde das Licht nicht mit 1 Meile pro Stunde, sondern nach wie vor mit 186.282 Meilen pro Sekunde an Ihnen vorbeirasen. Sie würden nicht den allergeringsten Anschluss an die Lichtgeschwindigkeit bekommen können.[10]

---

10 Dies ist die Lichtgewindigkeit in einem Vakuum. Licht wird beim Passieren eines Mediums wie Glas oder Wasser langsamer, dadurch erscheint der Boden eines Swimmingpools näher als tatsächlich an der Oberfläche zu liegen und deshalb kann man auch mit einer Linse oder einem Prisma Licht brechen. Denken wir auch daran, dass für den Physiker Licht mehr als das durch unsere Augen wahrgenommene Licht ist. Es ist das gesamte Spektrum elektromagnetischer Röntgenstrahlen, innerhalb dessen das sichtbare Spektrum nur einen verschwindend kleinen Teil ausmacht.

Das läuft dem gesunden Menschenverstand völlig zuwider. Aber hier irrt der gesunde Menschenverstand. Unsere mentalen Modelle der Wirklichkeit beruhen auf lebenslangen Erfahrungen in einer Welt, deren Geschwindigkeiten weit unter Lichtgeschwindigkeit liegen. Bei Geschwindigkeiten nahe der des Lichts herrscht eine ganz andere Wirklichkeit.

Die Relativität von Raum und Zeit

Dass die Lichtgeschwindigkeit für alle Beobachter dieselbe ist, egal wie schnell sie sich selbst bewegen, ist schon merkwürdig genug, aber die Wissenschaft hält bezüglich der Begriffe von Raum und Zeit noch weit Merkwürdigeres bereit.

Einsteins Bewegungsgleichungen besagen, dass Uhren in Bewegung langsamer gehen als solche, die sich im Ruhezustand befinden. Bei den Geschwindigkeiten, die wir normalerweise vorfinden, kann man diesen Unterschied vernachlässigen. Aber wenn man sich der Lichtgeschwindigkeit nähert, wird der Effekt ziemlich auffällig. Wenn Sie mit 87 %iger Lichtgeschwindigkeit an mir vorbeirasten, würde ich bemerken, dass Ihre Uhren nur halb so schnell gehen wie meine eigene. Diese Verzögerung wirkt sich nicht nur auf vom Menschen hergestellte Uhren aus, sondern betrifft alle physikalischen, chemischen und biologischen Vorgänge. Ihre ganze Welt würde langsamer gehen als meine. Die Zeit selbst würde langsamer gehen.

So verrückt das auch klingen mag, Versuche haben ergeben, dass die Dilatation bzw. Verlangsamung von Zeit wirklich stattfindet. Man hat sehr sensible Atomuhren um die Erde geschickt und fand heraus, dass sie alle um denselben vorhergesagten Faktor nachgingen. Die Veränderung ist minimal – ein Faktor von etwa 1 in einer Trillion – aber sie existiert.

Und es ist nicht nur die Zeit, die sich verändert; der Raum ist ebenfalls betroffen. Wenn ein Beobachter sich der Lichtgeschwindigkeit annähert, verkürzen sich die Längenmaße (das heißt Längenmaße im Raum in der Bewegungsrichtung) in derselben Relation wie sich die Zeit verlangsamt. Wenn Sie mit einer 87 %igen Lichtgeschwindigkeit an mir vorbeirasten, würden Ihre Längenma-

Dilatation – Dehnung
Raum-Zeitdehnung

ße also auf ein Drittel meiner Längenmaße zusammenschrumpfen. Auch dies scheint dem Verstand zuwiderzulaufen, der Raum scheint sich, genau wie die Zeit, grundlegend und unveränderlich zu verhalten und nicht abhängig von unserer Geschwindigkeit zu variieren. Nichtsdestoweniger, Versuchsergebnisse mit subatomaren Teilchen in Bewegung, deren Geschwindigkeit nahe der des Lichts lagen, belegen dies. Je schneller man wird, desto stärker staucht sich der Raum.

> Raum für sich genommen und Zeit für sich genommen sind von nun an dazu verurteilt, sich in Schatten aufzulösen, und nur durch eine Art Vereinigung beider wird eine unabhängige Wirklichkeit bewahrt.
>
> *HERMAN MINKOWSKI*

Das Reich des Lichts

Die Gleichungen der speziellen Relativitätstheorie besagen, dass die Zeit für einen Beobachter mit Lichtgeschwindigkeit völlig zum Stillstand kommt und die Längenausdehnung zu einem Nichts zusammenschrumpft. Die Physiker gehen normalerweise dem Umgang mit diesen merkwürdigen Gegebenheiten aus dem Wege, indem sie darauf hinweisen, dass nichts jemals Lichtgeschwindigkeit erreichen wird und es daher unnötig ist, sich mit solch verrückten Vorstellungen herumzuschlagen.

Wenn die Physiker davon ausgehen, dass Lichtgeschwindigkeit unerreichbar ist, sprechen sie von Dingen mit Masse. Einstein wies nach, dass sich nicht allein Raum und Zeit mit steigender Geschwindigkeit verändern, die Masse tut dies auch. Jedoch liegt, was die Masse betrifft, eine Ausdehnung und nicht eine Verringerung vor; je schneller sich etwas fortbewegt, desto größer wird dessen Masse. Würde ein Objekt jemals Lichtgeschwindigkeit erreichen, so würde seine Masseausdehnung unendlich sein. Eine unendliche Masse mit Lichtgeschwindigkeit fortzubewegen erfordert eine unendliche Energie – eine Energiemenge, die größer ist als alle Energie im gesamten Universum. Daher, so wird behauptet, kann nichts jemals Lichtgeschwindigkeit erreichen.

Nichts außer dem Licht. Das Licht bewegt sich mit Lichtgeschwindigkeit. Und es tut dies, weil es kein materielles Objekt ist, seine Masse ist immer präzise gleich Null.

Stellen wir uns einen körperlosen Beobachter vor (nur Geist, keine Masse), der sich wie das Licht mit Lichtgeschwindigkeit fortbewegt. Einsteins Gleichungen würden nun besagen, dass er vom Standpunkt des Lichts aus betrachtet keinen Weg zurücklegt und dazu keine Zeit braucht.

Das weist in der Tat auf eine sehr merkwürdige Beschaffenheit des Lichts hin. Was immer das Licht auch sein mag, es scheint Herrscher über ein Reich zu sein, in welchem es keine Dauer gibt, kein Vorher und kein Nachher. Da ist nur das „Jetzt".

Das Quantum des Lichts

Weitere Belege darüber, was Licht nun ist und was es nicht ist, sind in dem anderen großen Paradigmensprung der modernen Physik enthalten, der Quantentheorie. Genau wie bei der Relativität betrifft die Anomalie, die diesen Sprung markiert, das Licht.

Wenn man die Temperatur eines Metallstabs erhöht, fängt dieser an, rot glühend zu werden. Mit der Temperatur steigt die Intensität der Farbe, sie geht von rot in orange über, dann in weiß und wird zum Schluss bläulich. Warum ist das eigentlich so? Gemäß der klassischen Physik müssten alle glühenden Körper ungeachtet der Temperatur dieselbe Farbe abstrahlen.

Der deutsche Physiker Max Planck fand im Jahr 1900 heraus, dass diese Farbänderungen darauf zurückzuführen sind, dass Energie nicht in stetig steigenden Raten abgegeben wird, so wie es zuvor angenommen wurde, sondern in Energiepaketen oder Quanten (lateinisch. *Quantum* für Menge). Er legte dar, dass jede Energieänderung, sei es nun ein Elektron, das seine Umlaufbahn im Atom ändert, oder die Erwärmung der Haut durch die Sonne, auf eine Anzahl ganzer Quanten zurückgeht. Es könnte sich um 1, 2, 5 oder 117 Quanten handeln, aber niemals um ein halbes Quantum oder um 3,6 Quanten. Als Planck diese Schlussfolgerung auf das von einem glühenden Objekt abgestrahlte Licht anwandte, ergab sich, dass genau diese Gegebenheit zu den beobachteten Farbänderungen führte.

Fünf Jahre danach gelangte Einstein im Jahr seiner Veröffentlichung der speziellen Relativitätstheorie zu ähnlichen Schlüssen. Er beschäftigte sich mit dem kurz zuvor entdeckten photoelektrischen Effekt, bei dem Licht, wenn es auf Metall trifft, die Abgabe von Elektronen auslösen kann. Es gab nur eine Erklärungsmöglichkeit für die Rate, mit welcher Elektronen entstanden, und zwar die, dass das Licht als Strom von Teilchen oder Photonen übertragen wurde. Jedes dieser Lichtphotonen ist mit einem der Planck'schen Quanten oder Energiepaketen gleichwertig.

Licht als Wirkung

Ein Quantum kann das kleinste Energiepaket sein, das übertragen wird, die Energiemenge in einem Quantum kann indessen erheblich variieren. Ein Gammastrahl-Photon kann beispielsweise milliardenfach mehr Energie bündeln als ein Infrarot-Photon. Daher können Gammastrahlen, Röntgenstrahlen oder sogar ultraviolette Strahlen in gewissem Umfange schädlich sein. Wenn diese Photonen auf Ihren Körper treffen, so ist die abgegebene Energie in der Lage, die Moleküle einer Zelle auseinander zu sprengen. Andererseits ist die Energieabgabe bei einem vom Körper absorbierten Infrarot-Photon weitaus geringer, es bringt die Moleküle nur zum Schwingen, so dass man Wärme verspürt.

Obwohl die Energiemenge in einem Photon stark variiert, gibt es bei Quanten doch einen feststehenden Aspekt. Jedes einzelne Quantum verfügt über eine konstante Menge an Wirkung.

Mathematiker definieren Wirkung als das Moment eines Objekts mal dessen zurückgelegtem Weg oder aber die Objektenergie mal der für den Weg benötigten Dauer – beide sind gleichwertig. Die Menge der Wirkung eines über einen Fußballplatz geworfenen Balles ist zum Beispiel größer als die eines nur über die Hälfte der Distanz geworfenen Balles. Verdoppelt man die Masse des Balles, verdoppelt sich die Wirkung. Oder stellen Sie sich vor, unter gleichbleibender Energieabgabe zu laufen: Laufen Sie zweimal so weit, liegt das Zweifache an Wirkung vor, was intuitiv Sinn macht.

Die eigentliche Energiemenge eines Wirkungsquantums ist äußerst klein, ungefähr 0,00000000000000000000000000662618 Erg-Sek. (oder $6{,}62618 \times 10^{-27}$ Erg-Sek. in der Stenographie der Mathematik ausgedrückt) – aber es ist immer dieselbe Menge.[11]

Man nennt dies das Planck'sche Wirkungsquantum (nach seinem Entdecker). Es handelt sich hier um die zweite universelle Konstante, welche die moderne Physik hervorbrachte. Wie bei der anderen – der Lichtgeschwindigkeit – ist dies eine Lichtkonstante. Licht vollzieht sich immer in jeweils identischen Wirkungseinheiten.

> Alle Materie ist nichts als eine Masse
> stabilen Lichts.
>
> *Sri Aurobindo*

Wie die Relativität, so besagt auch die Quantentheorie: Licht liegt außerhalb von Zeit und Raum. Wir mögen uns den Punkt, an welchem ein Photon im Raum abgegeben wird, vorstellen und auch den Punkt, an dem es absorbiert wird. Die Quantentheorie besagt jedoch, dass man keinerlei Aussagen zu den Vorgängen, die unterwegs stattfinden, treffen kann. Man kann noch nicht einmal belegen, dass das Photon, wenn es zwischen beiden Punkten unterwegs ist, überhaupt existiert. Wir können lediglich sagen, dass es einen Emissionspunkt, einen entsprechenden Absorptionspunkt und die Übertragung einer Wirkungseinheit zwischen beiden Punkten gibt.

Unerfahrbares Licht

Kant behauptete, dass das *Noumenon* – die „Sache an sich", die physische Realität, die von den Sinnen wahrgenommen und vom

---

11 Das Erg ist eine Energieeinheit. Um ein Gewicht von einem Pfund ein Fuß in die Höhe zu heben, benötigt man 13,5 Ergs, also eine extrem geringe Einheit von Energie. Wenn Sie, um ein Pfund um ein Fuß in die Höhe zu heben, eine Sekunde benötigen, würde die gesamte Aktion 13,5 Mio Erg-Sekunden erfordern. Das sind ungefähr zwei Milliarden Trillion-Trillionen Wirkungsquanten, womit sich zeigt, wie klein ein Quantum ist.

Geist interpretiert wird, die aber selbst jenseits jeder direkten Erfahrbarkeit liegt – Zeit und Raum transzendiere.

Einhundertzwanzig Jahre später wird diese These von Einstein mit unterstützt. Zeit und Raum sind nichts Absolutes. Sie sind nichts weiter als die Erscheinungswelten einer tieferen Realität, des Raum-Zeit-Kontinuums – jenseits von Raum und Zeit mit dem Potenzial ausgestattet, sich sowohl als Raum wie als Zeit zu manifestieren. Das Raumzeit-Kontinuum selbst ist jedoch niemals direkt erfahrbar.

> Wenn wir annehmen, uns die Vorgänge im Bereich der Quanten vorstellen zu können, ist dies der Beweis dafür, dass wir alles missverstanden haben.
>
> *WERNER HEISENBERG*

Das Licht hat ebenfalls unergründliche Eigenschaften. Wir sehen nie das Licht selbst. Das Licht, von dem das Auge berührt wird, wird lediglich durch die von ihm freigegebene Energie erfahrbar. Diese Energie wird im Geist in ein visuelles Bild übersetzt. Obwohl das Abbild sich aus Licht zusammenzusetzen scheint, ist das von uns wahrgenommene Licht nur eine im Bewusstsein erscheinende Qualität. Was das Licht selbst aber eigentlich ist, werden wir niemals ergründen.

Licht scheint jenseits von Vernunft und gesundem Menschverstand zu liegen – dies ist eine Erkenntnis, die wiederum den Kant'schen Mutmaßungen entspricht.

Die Vernunft, so sagt er, ist keine wirkliche Qualität des Noumenons, aber sie ist, wie Raum und Zeit auch, von jener Art, wie der Geist sich die Dinge verständlich macht. Es sollte daher nicht überraschen, dass unser Geist so große Schwierigkeiten damit hat, die Natur des Lichts zu ergründen. Es kann sein, dass wir niemals in der Lage sein werden, es zu erfassen. Beim Licht stoßen wir möglicherweise an die Schwelle der möglichen Erkenntnisgewinnung.

6

Das Licht des Bewusstseins

> Einziges „Ich bin“ im Herzen aller Schöpfung,
> du bist das Licht des Lebens.
>
> Shvetashvatara Upanishad

Beim Studium der experimentellen Psychologie erfuhr ich sehr viel über die Neurophysiologie, das Gedächtnis, das Verhalten und die Wahrnehmung. Trotz all der Dinge, die ich über die Gehirnfunktionen gelernt hatte, war ich aber dem Verständnis um die eigentliche Natur des Bewusstseins nicht näher gekommen. Der Osten schien indessen mehr zu diesem Thema sagen zu können, genau wie manch ein Mystiker dieser Welt. Über Tausende von Jahren hatten sich diese Suchenden mit dem inneren Reich des Geistes beschäftigt und dessen subtilere Aspekte mit Hilfe eigener persönlicher Erfahrung erforscht.

In der Überzeugung, dass sich mir auf diese Weise Einsichten offenbaren würden, die der westlichen Wissenschaft unzugänglich waren, begann ich mit der Arbeit an Texten wie „The Upanishads“, „Das tibetanische Buch der großen Befreiung“[12], „Die Wolke des Nichtwissen“[13] sowie mit der Lektüre zeitgenössischer Schriftsteller wie Alan Watts, Aldous Huxley, Carl Jung und Christopher Isherwood.

Ich stellte fasziniert fest, dass auch hier, genau wie in der modernen Physik, das Thema Licht immer wieder vorkam. Das Bewusstsein selbst wurde oft durch den Begriff des Lichts charakteri-

---

12 *The Tibetan Book of the Great Liberation*
13 *The Cloud of Unknowing*

siert. Das tibetanische Buch von der großen Befreiung sprach von dem „in sich selbst entstehenden klaren Licht, auf ewig ungeboren, ... das im eigenen Geist fortscheint." Der heilige Johannes bezog sich auf „das wahre Licht, das jeden auf Erden geborenen Menschen erleuchtet."

> Können Sie mit all Ihrer Wissenschaft denn
> beantworten, wie und wann es geschieht, dass das
> Licht in die Seele gelangt?
>
> HENRY DAVID THOREAU

Diejenigen, die zur Wahrheit über die Realität erweckt wurden – wir nennen sie oft Erleuchtete – beschreiben ihre Erfahrungen mit Begriffen des Lichts. Der Sufi Abu 'l-Hosian al-Nuri hatte Erfahrungen mit Licht, „das ungesehen glüht .... ich schaute es unablässig an, bis die Zeit gekommen und ich selbst ganz dieses Licht geworden war."

Und der christliche Mystiker des zehnten Jahrhunderts, der heilige Symeon, sah:

Ein Licht unendlich und ganz unbegreiflich, ... einziges Licht, ... einfach, nicht aus Teilen, zeitlos, ewig, ... Ursprung des Lebens.

Je mehr ich dieses innere Licht erforschte, umso deutlicher erkannte ich enge Parallelen mit dem Licht der Physik. Das physikalische Licht hat keine Masse, es ist kein Teil der materiellen Welt. Dasselbe gilt für das Bewusstsein; es ist ebenfalls immateriell. Das physikalische Licht scheint im Universum fundamental zu sein. Desgleichen ist das Licht des Bewusstseins fundamental; ohne das Licht gäbe es keine Erfahrung.

Ich begann mich zu fragen, ob diese Ähnlichkeiten eine tiefere Bedeutung hatten. Wiesen sie auf eine noch grundlegendere Verbindung zwischen dem Licht der physikalischen Welt und dem Licht des Bewusstseins hin? Stehen physikalische Realität und die Realität des Geistes auf einer gemeinsamen Grundlage – und ist diese gemeinsame Grundlage das Licht?

Die Meditation

Es war klar, dass sich diese Fragen nicht mit Geist und Verstand allein beantworten lassen würden. Sowohl die östlichen Philosophien wie auch die mystischen Schriften sagen deutlich aus, dass tiefer liegende Ebenen des Bewusstseins nicht durch Lesen oder Studieren der Erfahrungen anderer erreicht werden können, sondern nur durch eigenes Erleben. Daher begann ich, mich mit Meditation und anderen spirituellen Praktiken zu beschäftigen.

Damals lehrten verschiedene buddhistische Lehrer und tibetanische Lamas, darunter der erst kürzlich vor der chinesischen Invasion geflohene Trungpa Rinpoche, in Cambridge. In diesem Stadium meiner Erforschungen sprach mich der Buddhismus an, denn er stellt die am wenigsten religiöse innerhalb der östlichen Philosophien dar – er ist sowohl Psychologie wie auch Philosophie und Religion. Es ging hier nicht um eine Diskussion des Göttlichen; sein Schwerpunkt bestand darin, die Ursachen des Leidens jedes Einzelnen auszuräumen. So begann ich Kurse buddhistischer Meditation zu besuchen, lauschte verschiedenen Lehrern und las einige der großen buddhistischen Texte.

Einige Monate später veränderte sich mit einem Mal die Richtung meiner inneren Erforschungen. Auf der Jagd nach Arbeiten über das Bewusstsein durchstöberte ich die Esoterik-Abteilung meiner örtlichen Bücherei, und mir fiel ein Buch mit dem Titel „Die Wissenschaft vom Sein und die Kunst zu leben"[14] von Maharishi Mahesh Yogi auf, einem indischen Lehrer (der kurz zuvor Schlagzeilen gemacht hatte, als die Beatles bekannten, Drogen zu nehmen, um seine Technik der Transzendentalen Meditation auszuüben.[15]) Ich legte das Buch auf meinen Stapel und nahm es mit in mein Zimmer, wo es zwei Wochen lang ungeöffnet auf meinem Schreibtisch liegen blieb. Schließlich nahm ich, ohne zu ahnen, wie sehr mein Leben sich verändern

14 *The Science of Being and Art of Living*

15 Der Transzendentalen Meditation zu Öffentlichkeit verholfen zu haben, zählt vielleicht zu den größten Hinterlassenschaften der Beatles. Auf meinen Reisen durch die Welt bin ich immer wieder erstaunt, wie viele Menschen ihre ersten Erfahrungen mit TM in den Sechzigern oder Siebzigern gemacht haben.

würde, das Buch zur Hand. Innerhalb weniger Minuten war ich wie gebannt. Maharishi sagte exakt das Gegenteil dessen, was ich bisher über die Meditation gelesen oder gehört hatte, und dennoch war es von absoluter Plausibilität.

> Der Seligkeit entstammen alle Wesen,
> erhalten werden sie von Seligkeit,
> einst kehren sie zur Seligkeit zurück.
>
> *Taittiriya Upanishad*

Er legte dar, dass der Geist deshalb ruhelos war, weil er sich auf der Suche nach etwas befand, nämlich höherer Zufriedenheit und Erfüllung. Aber er sucht in der falschen Richtung, nämlich in der Welt des Denkens und der sinnlichen Erfahrung. Man brauche lediglich, so sagte er, seine Aufmerksamkeit um 180 Grad nach innen zu wenden und dann unter Einsatz von Maharishis Technik seinen Geist zu ermutigen, ein wenig zur Ruhe zu kommen. In einem Zustand der Ruhe würde der Geist eine Ahnung der gesuchten Erfüllung erlangen. Wenn man diese Praxis wiederholte, würde der Geist irgendwann spontan und ganz von selbst zu noch ruhigeren und erfüllteren Zuständen befähigt sein.

> In allerletzter Konsequenz
> ist die Hoffnung aller Menschen
> Geistesfriede.
>
> *Der Dalai Lama*

Maharishis Vorstellungen sprachen mein wissenschaftliches Denken an. Sie waren einfach und elegant – fast wie eine mathematische Gleichung. Es dauerte eine gewisse Zeit, bis ich die Praktiken meisterte, aber als es dann so weit war, stellte ich fest, dass Maharishi Recht hatte. Je weniger ich mich anstrengte, umso ruhiger wurde mein Geist.

Reise nach Indien

Im darauf folgenden Sommer reiste ich nach Lago di Braies, einem See hoch in den italienischen Alpen, zu einem Meditationsaufenthalt bei Maharishi. Er begeisterte mich vom ersten Augenblick an. Mit seinen tiefbraunen warm blickenden Augen, seinem wehenden schwarzen Haar und Bart – seine zierliche Erscheinung nur mit einem weißen, kunstvoll drapierten Baumwolltuch und einfachen Sandalen bekleidet – verkörperte er den klassischen indischen Guru. Von Freude überschäumend wurde er niemals müde, uns Neulingen von den feineren Ebenen des Seins und höheren Bewusstseinszuständen zu berichten. Dies war kein Bücherwissen, sondern eine Weisheit von jemandem, der eindeutig persönlich eigene Erfahrungen mit diesen Zuständen gemacht hatte. Es wurde mir damals sofort klar, dass ich weiter bei ihm studieren wollte.

Nach meinem Grundstudium verdiente ich eine Zeitlang etwas Geld mit LKW-Fahren und machte mich anschließend nach Indien auf. Mein Ziel war Rishikesh, eine heilige Stadt 150 km nördlich von Neu-Dehli am Fuße des Himalaja gelegen.

Die nordindischen Hochebenen steigen nicht allmählich zu Bergen an wie die Alpen; die Landschaft gleicht mehr den Rocky Mountains in Colorado. Hier ist es noch flach, dort ist es gebirgig. Rishikesh schmiegte sich an der Stelle des Übergangs von der Ebene zum Berghang ins Gelände, und zwar genau an dem Ort, wo der Ganges die Tiefen des Himalaja-Gebirges verlässt.

Auf der einen Seite des Flusses liegt Rishikesh, ein pulsierender Marktort. In seinen bevölkerten Straßen finden sich unzählige Markthallen, hupende Autos, Fahrradrikshas und abmagerte Kühe. Auf der anderen Seite liegt Rishikesh, die heilige Stadt. Hier herrscht eine gänzlich andere Atmosphäre. Erstens fahren hier keine Autos. Die einzige Brücke, die den Fluss überquert – genau an der Öffnung der Schlucht – ist mit Absicht zu schmal für Autos konstruiert worden. Entlang des diesseitigen Ufers und über den ganzen Hügel verstreut stehen alle möglichen Arten von Ashrams. Einige von ihnen sind solide aus Stein gebaute Rechtecke mit einfachen Meditationszellen; andere erstrahlen inmitten blumiger Gärten, Springbrunnen und sehr bunt angemalter Statuen indischer Gottheiten. Es gibt Zentren für Hatha Yoga, andere für die Meditation; einige sind eigens einem spirituellen Lehrer oder Philosophen gewidmet.

Etwa zwei Meilen von der Brücke flussabwärts befindet sich Maharishis Ashram, die letzte Behausung, bevor der sich windende Pfad in den Urwald verschwindet. Hoch auf der Klippe, hundert Fuß oberhalb des wirbelnden Ganges, steht ein halbes Dutzend Bungalows, es gibt einen Versammlungsraum, einen Speiseraum, Duschen und noch ein paar andere Einrichtungen von an westliche Standards erinnerndem Komfort.

Es waren knapp über hundert Teilnehmer aller Altersklassen aus aller Welt, die sich damals zu diesem Kurs zusammengefunden hatten. Viele waren wie ich Graduierte, die es nach tiefer intellektuellen Einsichten in die Lehren von Maharishi sowie nach tieferer Erfahrung mit Meditation verlangte. Es waren unter anderem Doktoren der Philosophie, Ärzte und Theologiestudenten.

Wir lauschten während der kommenden Wochen Maharishi bei der Darlegung seiner Philosophie. Wir bombardierten ihn mit Fragen, indem wir ihn manchmal buchstäblich verhörten. Wir wollten alles aus ihm herausquetschen, angefangen von den feineren Unterschieden im Bewusstseinszustand und den subtilen Einflüssen der Meditation bis hin zu der genauen Auslegung verschiedener esoterischer Konzepte. Maharishis Bereitschaft, uns in sein Wissen einzuweihen, ermüdete nie. Manchmal trafen sich einige von uns nach Abschluss des Tagesprogramms im kleinen Aufenthaltsraum, wo wir bis spät in die Nacht noch mehr Wissen ansammelten.

Reines Bewusstsein

Wir erweiterten einerseits unser Verständnis von der Meditation, andererseits wollte Maharishi auch, dass wir eigene klare Erfahrungen mit den Bewusstseinszuständen, die er selbst beschrieb, machten. Diese konnten sich nur durch ausgedehnte Phasen tiefen Meditierens einstellen. Anfangs meditierten wir etwa drei bis vier Stunden pro Tag, aber mit dem Fortgang des Kurses steigerten wir unsere Übungen. Nachdem sechs Wochen des dreimonatigen Aufenthaltes hinter uns lagen, verbrachten wir den größten Teil des Tages und der Nacht im Zustand der Meditation.

> Zum Ursprung hin zurückzukehren, das heißt
> Ruhe; Ruhe heißt, sich dem Schicksal beugen;
> was sich dem Schicksal beugt, ist Teil des Immer-
> während-So geworden; das Immerwährend-So
> zu kennen heißt, ein Erleuchteter zu sein.
>
> *Tao Te Ching*

Während dieser ausgedehnten Meditationen kam allmählich mein innerer Dialog zum Stillstand. Meine Gedanken über die Dinge, die sich draußen abspielten, wie viel Uhr es war, wie die Meditation voranschritt oder über Dinge, die ich später sagen oder tun würde, beschäftigten mich immer weniger. Mein Gehirn wurde nicht mehr von irgendwelchen vergangenen Erinnerungen geplagt. Meine Gefühle kamen zur Ruhe, mein Atem besänftigte sich in einem solchen Maße, dass er kaum noch wahr zu nehmen war. Die mentalen Aktivitäten wurden schwächer und schwächer, bis mein denkender Geist ganz still wurde. In der Terminologie von Maharishi hieß dies, dass ich das Denken transzendiert hatte (buchstäblich, dass ich über das Denken hinausgegangen war).

Die indischen Lehren sprechen von diesem Zustand als dem *Samadhi*, was „beruhigter Geist" heißt. Sie machen ihn als grundsätzlich verschieden von anderen Zuständen des Bewusstseins aus, wie sie uns normalerweise als drei Hauptzustände bekannt sind: Wachsein, Träumen und Tiefschlaf. Im wachen Zustand nehmen wir die Welt über die Sinne wahr. Beim Träumen nehmen wir von der Vorstellung erzeugte Welten wahr. Im Tiefschlaf ist das Bewusstsein ganz ausgeschaltet, da existiert weder eine innere noch eine äußere Welt. Im Samadhi ist das Bewusstsein vorhanden, man ist hellwach, aber das Gewahrsein bezieht sich auf keinerlei Objekt. Es ist das reine Bewusstsein – das Bewusstsein im Zustand vor dem Aufnehmen der unterschiedlichen Formen und Merkmale der bestimmten Erfahrung.

Yoga ist die Aufgabe der Modifizierungs-
aktivitäten des Geistes

PATANJALI

Analog zum Filmprojektor entspricht dieses vierte Stadium des Bewusstseins dem Laufen des Projektors ohne Film, so dass lediglich das weiße Licht auf den Bildschirm fällt. So herrscht im Samadhi-Zustand nur das Licht reinen Bewusstseins, nichts anderes. Es ist die Fähigkeit zum Bewusstsein ohne jeden Inhalt.

Das Isha Upanishad, ein alter indischer Test, sagt in seinem vierten Stadium:

Es ist nicht äußere Wahrnehmung,
es ist nicht innere Erfahrung,
es ist nicht gespanntes Gewahrsein,
es ist nicht Wissen,
es ist nicht Nichtwissen,
noch ist es Wissen selbst.
Es kann weder gesehen noch verstanden werden,
in Grenzen kann es nicht gehalten werden,
unbeschreiblich ist es
und außerhalb des Denkens.
Es ist nicht definierbar,
erfahren werden kann es nur durch eigenes Es-Werden.

Ähnliche Beschreibungen lassen sich in fast allen Weltkulturen finden. Im folgenden Beispiel benutzt der christliche Mystiker Dionysius bemerkenswert ähnliche Begriffe:

Es ist nicht Seele, es ist nicht Geist,
es ist nicht Ordnung, Größe oder Kleinheit,
es ist nicht unbeweglich, noch in Bewegung, noch in Ruhe,
weder gehört es zur Kategorie der Nichtexistenz
oder der Existenz,

noch können Bejahung und Verneinung darauf angewendet werden.

Der buddhistische Meister D. T. Suzuki beschreibt es als einen „Zustand absoluter Leere“:

Da ist keine Zeit, kein Raum, kein Werden, kein Dingsein. Reine Erfahrung ist, wenn der Geist sich selbst in sich widerspiegelt. Dies ist nur möglich, wenn der Geist zum Sunyata (Leersein) gelangt – das ist, wenn der Geist frei aller möglichen Entwürfe außer seiner selbst ist.

Das Wesen des Selbst

Wenn der Geist bar allen Inhalts ist, findet man nicht nur absolute Heiterkeit (Gelassenheit) und Frieden, man entdeckt die wahre Natur des Selbst.

Normalerweise leiten wir unser Selbstkonzept von den verschiedenen Dingen her, die uns als Individuen kennzeichnen – unseren Körper und dessen äußere Erscheinung, unsere Geschichte, unsere Staatsangehörigkeit, unsere Rollen, unsere Arbeit, unseren sozialen und finanziellen Status, was wir besitzen, was die anderen über uns denken und so weiter. Wir beziehen Identität auch über die Gedanken und Gefühle, die wir haben, aus unserem Glauben, Werten aus kreativen und intellektuellen Fähigkeiten, über unseren Charakter und die Persönlichkeit. Diese bilden neben vielen weiteren Attributen die Aspekte unseres Lebens und tragen zu der Erfahrung unserer Selbst bei.

Diese Identität ist jedoch unentwegt den Lebensvorgängen unterworfen, kann jederzeit verletzt werden und bedarf fortwährend des Schutzes und der Unterstützung. Wenn sich die Fundamente Ihrer Identität ändern oder zu ändern drohen, wird Ihr ureigenes Selbst bedroht. Wenn man uns kritisiert, können wir uns beispielsweise in stärkerem Maße aufregen, als die Kritik selbst dies rechtfertigt. Wir können in einer Form reagieren, die mehr mit der Verteidigung oder der Beschwichtigung unseres beschädigten Selbstbildes zu tun hat als mit der geäußerten Kritik selbst.

Über das Herleiten dessen hinaus, wie wir unsere Identität in der Welt erfahren, beziehen wir den Sinn des Selbst auch aus der Tatsache, dass wir erfahren. Wenn Erfahrung besteht, dann muss es auch, wie wir annehmen, einen Erfahrenden, ein „Ich", geben, das Erfahrung macht. Dies wird gewissermaßen gespürt. Was immer auch im Geiste vonstatten geht, es gibt da diesen Sinn, dass ich das Subjekt all dessen bin.

Aber was ist das eigentlich genau, dieser Ich-Sinn? Ich benutze das Wort „Ich" hunderte Male am Tag ohne zu zögern. Ich sage, ich denke oder sehe etwas, dass ich ein Gefühl oder ein Bedürfnis habe, dass ich etwas weiß oder mich erinnere. Es ist der gebräuchlichste, intimste, sichtbarste Aspekt von mir selbst. Ich weiß genau, was ich mit „Ich" meine – das heißt, bis ich versuche, es zu beschreiben oder zu definieren. Hiermit bekomme ich dann Probleme.

Nach dem Selbst zu suchen ist in etwa so, als suche ich in einem dunklen Raum mit einer Taschenlampe nach der Quelle des Lichts. Alles, worauf ich treffen würde, wären die unterschiedlichen Dinge in dem Zimmer, auf die der Lichtkegel fällt. Dasselbe passiert, wenn ich versuche, das Subjekt aller Erfahrung zu finden. Alles, was ich vorfinde, sind unterschiedliche Ideen, Bilder und Gefühle, die in den Blickwinkel der Aufmerksamkeit gelangen. Aber dies sind lediglich Objekte der Erfahrung; sie können deshalb nicht das Subjekt der Erfahrung sein.

> Was ist dies „Ich"? Sie werden bei tiefer gehender innerer Betrachtung feststellen, dass das, was Sie wirklich mit „Ich" meinen, die Grundlage ist, auf welcher (Erfahrungen und Erinnerungen) gesammelt werden.
>
> *Erwin Schrödinger*

Obwohl das Selbst niemals als Objekt der Erfahrung erkannt werden wird, kann es in einer anderen, noch intimeren und unmittelbareren Weise erkannt werden. Wenn der Geist ruhig ist, wenn alle Gedanken, Gefühle, Wahrnehmungen und Erinnerungen, mittels derer wir gewöhnlich bewerten, weggedriftet sind, ist das, was dann verbleibt, das Wesen des Selbst, das reine Subjekt ohne Objekt. Das, was wir dann vorfinden, entbehrt des „Ich bin dieses und jenes", es lautet einfach „Ich bin".[16]

In diesem Zustand finden Sie nur noch das Wesen des Selbst vor und erkennen, dass dieses Selbst reines Bewusstsein ist. Sie erkennen, dass dieses Ihr wahres „Sein" ist. Sie sind nicht ein Wesen, das bewusst ist, Sie sind Bewusstsein. Punkt.

> ICH BIN Du, der Teil, welcher IST und WEISS...
> Der Teil von Dir, der sagt ICH BIN und ist ICH BIN...
> ICH BIN der innerste Teil, der innen liegt und ruhig abwartet und beobachtet, der weder Zeit noch Raum kennt...
> Ich war es, der Deine Wege lenkte, Der Deine Gedanken und Handlungen leitete ...
> Ich war immerwährend in Dir, ganz tief in Deinem Herzen.
>
> *The Impersonal Life, Anon*

Diese Kernidentität hat nichts mit der Einmaligkeit des individuellen Selbst zu tun, ganz im Gegenteil – es ist für jeden von uns dasselbe. Sich außerhalb aller Attribute der sich identifizierenden Charakteristika zu befinden bedeutet, dass sich Ihr Sinn vom Ich-Sein von meinem nicht mehr unterscheidet. Das Licht des Bewusstseins, das in Ihnen strahlt, das Sie „Ich" nennen, ist genau dasselbe wie das, welches ich „Ich" nenne. In diesem Sinne sind wir eins.

Ich bin das Licht. Und Sie sind es auch.

---

16 Sogar „Ich bin" zu sagen, kann missverständlich sein; das Wort „Ich" hat so viele Assoziationen zum individuellen Selbst. Es wäre vielleicht angemessener, man sagt „Binhaftigkeit" oder reines Sein.

Jenseits von Zeit und Raum

Dieses essentielle Selbst ist ewig; es ändert sich nie. Es ist die wahre Bewusstheit, und wahre Bewusstheit ist zeitlos.

Unsere normale Erfahrung der Vergänglichkeit der Zeit kommt aus der Veränderung – dem Tages- und Nachtzyklus, dem Schlagen des Herzens, dem Vorbeiziehen der Gedanken. In tiefer Meditation, wenn das Gewahrsein der Dinge zum Stillstand und der Geist völlig zur Ruhe gekommen sind, fehlt jede Erfahrung einer Veränderung, und es gibt nichts, anhand dessen man die Vergänglichkeit der Zeit ausmachen könnte. Ich weiß, dass ich in absoluter Stille dagesessen habe, aber nicht mehr für wie lange. Es könnte eine Minute gewesen sein, aber genauso gut eine Stunde. Die Zeit, wie wir sie kennen, war verschwunden. Da war einfach nur das Jetzt.

> Zeit und Raum sind nichts als physiologische
> Farben, die das Auge wahrnimmt,
> aber die Seele besteht aus Licht.
>
> *Ralph Waldo Emerson*

Dieses eigene Wesen des Selbst liegt nicht nur jenseits der Zeit, es liegt auch jenseits des Raums.

Nach dem Standort des Bewusstseins gefragt glauben die meisten Menschen, es sei irgendwo im Kopf zu finden. In diesem Moment scheint sich dieses Buch ein paar Zentimeter vor Ihnen zu befinden. Weiter hinten mag ein Tisch stehen, es mag seitlich und hinter Ihnen Wände geben; unter Ihnen ist der Boden; Ihre Arme, Ihr Torso, Ihre Beine und Füße sind auch da draußen, in geringer Entfernung von der Stelle Ihres wahrnehmenden Selbst.

Es scheint Sinn zu machen, dass wir unser Bewusstsein irgendwo im Kopf vermuten. Unser Gehirn befindet sich im Kopf, und das Gehirn hat irgendwie mit der bewussten Erfahrung zu tun. Es käme uns komisch vor, wenn das Gehirn sich im Kopf, das Bewusstsein sich aber im Knie befinden würde.

Es ist indessen nicht alles so, wie es zu sein scheint. Die Lage Ihres Bewusstseins hat nicht unbedingt etwas mit der Lokalisierung des Gehirns zu tun. Es hängt mit der Lage Ihrer Sinnesorgane zusammen.

Ihre primären Sinne, die Augen und Ohren, liegen zufällig im Schädelbereich. Also ist Ihre Wahrnehmungszentrale, die Stelle, von der aus Sie die Welt zu erfahren scheinen, irgendwo hinter den Augen und zwischen den Ohren angeordnet – irgendwo, das heißt in der Mitte des Kopfes. Die Tatsache, dass sich Ihr Gehirn auch im Kopf befindet, ist lediglich eine Koinzidenz, wie das folgende einfache Gedankenbeispiel zeigt:

Stellen Sie sich vor, man hätte Ihre Augen transplantiert, und sie lägen jetzt an Ihren Knien, so dass Sie die Welt aus dieser neuen Perspektive betrachten würden. Wo, denken Sie, würden Sie nun die Erfahrung Ihres Selbst ansiedeln? In Ihrem Kopf? Oder an den Knien? Ihr Gehirn mag sich immer noch im Kopf befinden, nicht aber die zentrale Wahrnehmung. Sie würden aus einem anderen Blickwinkel in die Welt hineinschauen; Sie könnten sich nunmehr gut vorstellen, dass Ihr Bewusstsein sich an den Knien befindet.[17]

> Unser Selbst-Gewahrsein kann nicht irgendwo innerhalb des Weltbildes gefunden werden, weil es selbst das Weltbild ist.
>
> *Erwin Schrödinger*

Kurz, der Eindruck, unser Bewusstsein liege im Raum, ist eine Illusion. Alles, was Sie erfahren, ist eine Konstruktion innerhalb Ihres Bewusstseins. Sich als einmaliges Selbst zu empfinden ist lediglich eine weitere Konstruktion des Geistes. Deshalb platzieren

17 Dies lässt so genannte Außer-Körper-Erfahrungen in einem neuen Licht erscheinen, in denen wir die Erfahrung machen, die Welt von einem anderen Betrachtungspunkt aus wahrzunehmen – zum Beispiel indem wir von der Zimmerdecke aus auf uns herabblicken. Der zentrale Wahrnehmungspunkt ist nicht mehr in derselben Umgebung wie unser Körper, in Wahrheit waren wir von Beginn an niemals in unserem Körper.

Sie ganz natürlicherweise das Selbstbild in das Zentrum Ihres Bildes von der Welt, die Ihnen die Erfahrung gibt, in der Welt zu sein. Aber die Wahrheit ist genau das Gegenteil. Es ist alles in Ihnen.

Sie nehmen im Raum keinen Platz ein. Der Raum ist in Ihnen.

Allumfassendes Licht

Wieder lassen sich enge Parallelen zwischen dem physikalischen und dem Licht des Bewusstseins ziehen. Als wir uns das Licht der Physik innerhalb seines Bezugsrahmens ansahen, haben wir herausgefunden, dass sowohl Distanz als auch Zeit verschwanden. Das Licht scheint ein Reich jenseits von Zeit und Raum zu beherrschen. Gleichermaßen verschwinden bei der Betrachtung der Natur des reinen Bewusstseins Raum und Zeit. In beiden Fällen bleibt lediglich der allgegenwärtige Augenblick.

In der Physik ist das Licht eine absolute Größe. Raum, Zeit, Masse und Energie sind gar nicht so fix, wie wir es einst angenommen haben. Als absolut gelten lediglich die Lichtgeschwindigkeit im Vakuum und das Wirkungsquantum eines Photons. Ähnlich verhält es sich im Reich des Geistes, die Fähigkeit zum Bewusstsein ist absolut. Sie ist die gemeinsame Grundlage aller Erfahrung – einschließlich der von Raum und Zeit. Das Bewusstsein selbst ist, genau wie die Lampe im Projektor, unveränderlich.

Jedes Lichtphoton stellt ein identisches Wirkungsquantum dar. Für das Bewusstsein gilt dasselbe. Das Licht des Bewusstseins, das in mir strahlt, ist dasselbe, das auch in Ihnen und in allen anderen empfindenden Geschöpfen strahlt.

> Die Weisen, die erkennen, dass das Bewusstsein
> in ihnen dasselbe ist wie das Bewusstsein aller
> Wesen, werden ewigen Frieden erlangen.
>
> *KATHA UPANISHAD*

Diese Parallelen legen nahe, dass zwischen dem Licht der Physik und dem des Bewusstseins eine enge Beziehung besteht. Besitzen sie eventuell eine gemeinsame Grundlage, die sich im Bereich der Physik als Licht und im Reich des Geistes als das Licht des Bewusstseins, das alle durchstrahlt, manifestiert?

Gottes erster Befehl laut Genesis war: „Es werde Licht!“ Dieses Licht brachte die ganze Schöpfung hervor. Möglicherweise wäre es akkurater, man sagte: „bringt die ganze Schöpfung hervor“, denn das Licht ist die Voraussetzung für alles, was geschieht. Dies gilt für die Welt der Physik, wo jede Interaktion einen Photonenaustausch zur Folge hat. Und es gilt im subjektiven Bereich, in welchem das Licht des Bewusstseins die gemeinsame Grundlage für jedwede Erfahrung ist.

> Gott ist das Licht des Himmels und der Erde.
>
> *Der Koran*

Ich behaupte nicht, das Licht sei Gott. Jedoch, dass das Licht die erste Manifestation der Grundlage ist, auf die alle Existenz zurückgeht, die subtilste Ebene der Schöpfung – die kleinste Distanz, die wir zu demjenigen einzunehmen vermögen, das aller Form zugrunde liegt. Und dass im Bereich der bewussten Erfahrung das reine Selbst, das innere Licht, welches hinter den zahllosen Erscheinungsformen im Geiste liegt, die Begegnungsstätte mit dem Göttlichen ist. Dies erklärt, warum diejenigen, welche tief nach innen hineingeforscht und ihre wahre Natur gefunden haben, zu der wohl umstrittensten und verwirrendsten aller mystischen Aussagen kamen, zu der Behauptung nämlich: „Ich bin Gott“.

7

Gott als Licht des Bewusstseins

Die Seele in sich selbst ist das wunderbarste
und vollkommenste Abbild Gottes.

Johannes vom Kreuz

Für die meisten Menschen klingen Bemerkungen wie „Ich bin Gott" wie reine Blasphemie. Den konventionellen Religionen zufolge ist Gott die allerhöchste Gottheit, der allmächtige, ewige, allwissende Schöpfer. Wie kann irgendein geringer Mensch beanspruchen, er oder sie sei Gott?

Als der christliche Priester und Mystiker Meister Eckhart (14. Jahrhundert) predigte, „Ich und Gott sind eins", wurde er vor Papst Johannes XXII gebracht und man zwang ihn, „all diese Lehren" öffentlich zu widerrufen. Anderen erging es noch weit übler. Der islamische Mystiker al-Hallj wurde im zehnten Jahrhundert für seine Ausdrucksweise, mit der er Gottähnlichkeit beanspruchte, gekreuzigt.

Wenn allerdings die Mystiker „Ich bin Gott" oder etwas in diesem Sinne sagen, sprechen sie nicht von individuellen Personen. Mit Hilfe ihrer inneren Erkundungen haben sie die wahre Natur des Selbst entdeckt, und dies ist der Punkt, an dem sie sich mit Gott identifizieren. Sie bekräftigen lediglich, dass das Wesen des Selbst, die Bedeutung des „Ich bin" ohne alle persönlichen Attribute Gott ist.

Der zeitgenössische Gelehrte Thomas Merton hat dies sehr schön herausgestellt:

Wenn ich zu den Tiefen meiner eigenen Existenz und meiner eigenen derzeitigen Realität vordringe, dem undefinierbaren „Bin", das mein Selbst in seinen tiefsten Verwurzelungen darstellt und dann durch diese tiefe Mitte dringe, dann befinde ich mich im unendlichen „Ich Bin", welches der Name Gottes ist.

„Ich bin" ist einer der hebräischen Namen Gottes, Jahweh. Er entstammt dem hebräischen *yhwh*, dem unaussprechlichen Namen für Gott, und wird oft mit „Ich bin, der ich bin" übersetzt.

Ich bin das unendlich Tiefe,
dem alle Welten zu entspringen scheinen.
Ohne Form, still in alle Ewigkeit.
Das bin ich.

ASHTAVAKRA GITA

Ähnlich kommt es in östlichen Traditionen zum Ausdruck. Der große indische Weise Sri Ramana Maharshi sagte:

„Ich bin" ist der Name Gottes. Gott ist nichts anderes als das Selbst.

Im zwölften Jahrhundert schrieb Ibn-al-Arabi, einer der höchst verehrten Sufi-Mystiker:

Würdest du dein eigenes Selbst kennen, so würdest du Gott kennen.

Shankara, ein indischer Heiliger aus dem achten Jahrhundert, dessen Einsichten die hinduistischen Lehren erneuerten, beschrieb seine eigene Erleuchtung so:

Ich bin Brahmane ... ich verweile als Seele, als reines Bewusstsein, das Fundament aller Phänomene in allen Lebewesen ... In den Tagen meines Nichtwissens dachte ich, diese Lebewesen sind von mir getrennt. Jetzt weiß ich, dass ich alles bin.

Das wirft auch auf die Bibelworte: „Sei ruhig und wisse, dass ich Gott bin" neues Licht. Ich glaube nicht, dass es bedeuten soll: „Hör auf, herumzuirren und erkenne endlich, dass der, der mit dir spricht, Gott, der Schöpfer allen Lebens, ist." Die Worte eignen sich viel eher als Ermutigung, den Geist zur Ruhe zu bringen, um zu wissen – und das ist nicht als intellektuelles Verstehen gemeint, sondern als unmittelbare Wahrnehmung, dass das „Ich bin" das Wesen des Selbst ist, das reine Bewusstsein, auf dem jede Erfahrung beruht, und dass dies Gott ist.

Diese Auffassung von Gott ist keine, die ihn als getrenntes, höheres Wesen begreift, der in irgendeinem Reich existiert, menschliches Handeln beobachtet und uns liebt oder bewertet, je nachdem, was wir so anstellen. Gott ist in jedem von uns der intimste und unwiderruflichste Aspekt unseres Selbst. Gott ist das Licht des Bewusstseins, das in jedem Geiste strahlt.

Ich bin die Wahrheit

Als ich herausgefunden hatte, dass einige Menschen bei ihrer Erfahrung vom reinen Bewusstsein als ihrer persönlichen Kenntnis des Göttlichen gesprochen hatten, begannen viele der traditionellen Gottes-Schilderungen sinnvoll zu werden.

Wie wir schon gesehen haben, stellt die Fähigkeit zum Bewusstsein die alleinige absolut geltende, unbestreitbare Wahrheit dar. Was in meinem Geiste auch vor sich geht, was immer ich denken, glauben, fühlen oder wahrnehmen mag, das Einzige, das ich nicht anzweifeln kann, ist das Bewusstsein, die alleinige absolute Wahrheit. Daher bezieht man sich auch oft auf Gott als die alleinige absolute Wahrheit.

Gott ist universal. Die Fähigkeit zum Bewusstsein ist es auch. Es ist eine Primäreigenschaft des Kosmos, die aller Existenz innewohnt.

Wie Gott, so ist auch das Bewusstsein allgegenwärtig. Wie ein altes Sprichwort schon sagt: „Wo du hingehst, da bist du." Welche Erfahrungen Sie auch machen, welche Erscheinungsformen im Geiste auftauchen, das Gefühl von „Ich bin" ist immer präsent. Es war immer schon da, es wird immer da sein, und es wird sich nie ändern. Es ist ewig und unvergänglich.

7

> Wenn ich sage „Ich bin“, dann meine ich keine
> getrennte Einheit mit einem Körper als Kern.
> Ich meine die Gesamtheit allen Seins, den Ozean
> des Bewusstseins, das gesamte Universum mit
> allem, was da ist und weiß.
>
> *Sri Nisargadatta Maharaj*

Von Gott wird oft als dem Schöpfer allen Seins gesprochen, dem Ursprung der Schöpfung. Genauso ist das Bewusstsein. Unsere gesamte persönliche Welt, alle Dinge, die wir sehen, hören, schmecken und berühren, jeder Gedanke, jedes Gefühl, jede Phantasie, jede Vertrautheit, Hoffnung und Angst sind Ausdrucksformen des Bewusstseins. Das Bewusstsein ist die Quelle und der Ursprung aller Dinge, die wir kennen.

Das Gewahrsein unserer eigenen wahren Natur besitzt ebenfalls Qualitäten, die im Allgemeinen mit dem Prinzip des Göttlichen gleichgesetzt werden. Wenn der Geist still ist und nicht mehr von den Belangen der Vergangenheit oder Zukunft beeinträchtigt wird, verbinden wir uns mit dem reinen Selbst jenseits von Namen und Form. In dieser Erfahrung des reinen Seins finden wir einen steten, unerschütterlichen Frieden, unabhängig von den Dingen, die wir im Leben haben oder tun. Wir finden die Erfüllung, nach der wir immer gesucht haben – den Frieden Gottes, der über jeden Verstand hinausreicht.

> Dieser reine Geist, aller Dinge Ursprung,
> strahlt in Ewigkeit und auf alle
> mit dem Glanz seiner eigenen Vollkommenheit.
> Aber die Menschen der Welt sind dessen nicht gewahr,
> sie betrachten nur das, was sie sehen, hören,
> fühlen und als Geist kennen.
> Erblindet an ihrem Sehen, Hören, Fühlen und Kennen
> sehen sie nicht den unermesslichen Glanz des Ursprungs
> aller Substanz.
>
> *Huang Po*

Das materialistische Einstellungsmuster[18]

Gott als die Fähigkeit zum Bewusstsein aufzufassen bedeutet nicht nur, traditionelle Beschreibungen von Gott, sondern auch viele spirituelle Praktiken neuer Betrachtung zu unterziehen. Der Schlüssel hierzu ist die Schaffung unserer persönlichen Realität.

In den vorangegangenen Kapiteln haben wir die Konstruktion unserer Realität mit den Begriffen unserer Sinneswahrnehmung betrachtet – die Geräusche, Farben und Empfindungen, wie wir sie erfahren. Wie wir dieses Bild von der Welt entstehen lassen, ist mehr oder weniger im Gehirn fest verdrahtet.[19] Wie wir jedoch dieses Bild auswerten, kann erheblich variieren. Wir vermögen einer Nachricht viele unterschiedliche Bedeutungen zu geben oder eine Situation am Arbeitsplatz unterschiedlich bewerten. Diese variierenden Interpretationen entstammen den Überzeugungen, Vermutungen und Erwartungen, die wir in eine Situation einbringen – von den Psychologen wird dies als Einstellungsmuster bezeichnet.

Ganz ähnlich wie die verschiedenen wissenschaftlichen Paradigmen auf einem noch fundamentaleren Glaubenssatz oder Metaparadigma beruhen, basieren auch die unterschiedlichen Annahmen, die die Bedeutung festlegen, die wir unserer Erfahrung geben, auf einem noch fundamentaleren Einstellungsmuster. Wir glauben, dass innerer Friede und unsere Erfüllung durch Dinge oder Handlungen in der äußeren Welt erreicht werden können.

Diese Auffassung hindert uns tragischerweise daran, den wahren Geistesfrieden wirklich zu finden. Wir können so damit beschäf-

---

18 Für den Begriff „Mindset“ des englischen Originals wurde hier „Einstellungsmuster“ gewählt.

19 Es gibt Ausnahmen: Einige Drogen können die chemischen Vorgänge im Gehirn und somit die Verarbeitung von Sinnesdaten verändern, wobei von der Normalität abweichende Realitätsbilder entstehen – es kann zu Farbverschiebungen kommen, Gegenstände mögen weniger fest erscheinen und Zeit und Raum können sich wandeln.
Extreme Übermüdung, Krankheit, hochgradiger Stress und bestimmte spirituelle Praktiken können ähnliche Auswirkungen haben.
Grundsätzlich aber erzeugen wir bei normaler Gehirnfunktion ähnliche Realitätsbilder.

tigt sein, uns um unseren künftigen Frieden zu sorgen, oder uns derart mit dem Ärger über Dinge, die in der Vergangenheit den Frieden verhindert haben, auseinandersetzen, dass wir jede Chance vertun, den Frieden jetzt zu erfahren.

> Don't worry, be happy.[20]
>
> MEHER BABA

Dieses materialistische Einstellungsmuster führt dazu, dass wir unseren inneren Gemütszustand ständig von Dingen der äußeren Welt abhängig machen. Auch in dieser Hinsicht besteht Ähnlichkeit zu dem materialistischen Metaparadigma der zeitgenössischen Wissenschaft. Beide Betrachtungsweisen sehen das Bewusstsein als von der materialistischen Welt abhängig an. Das derzeitige wissenschaftliche Weltbild geht davon aus, dass das Bewusstsein der Welt aus Raum, Zeit und Materie entspringt, und dieses materialistische Einstellungsmuster besagt, dass auch unser Gemütszustand von den Geschehnissen in der Welt um uns abhängt. Und genau wie beim Metaparadigma wird das Einstellungsmuster selbst, das unser Leben bestimmt, selten hinterfragt.

Spiritualität 101

Wir müssen die Welt jedoch nicht durch dieses Einstellungsmuster betrachten. Wenn wir bei der Betrachtung der Dinge zugrunde legen, dass alles, was wir wissen, lediglich ein Entwurf unseres Bewusstseins ist, ändert sich alles.

Mit dieser Verschiebung wird unser Erfülltsein oder Nichterfülltsein nicht mehr davon bestimmt, was wir in der äußeren Welt sind oder haben. Unsere Wahrnehmung von der materiellen Welt haben wir selbst geschaffen. Wir haben ihr all die Bedeutung und den Wert, den sie für uns hat, selbst gegeben. Aber wir haben auch die Freiheit, sie anders zu betrachten.

Nichts muss erreicht sein, damit man in Frieden leben kann. Wir müssen nur aufhören, zu tun – aufhören, zu wünschen, die

---

20 Mach dir keine Sorgen, sei glücklich (der Übers.).

Dinge seien anders, aufhören, uns zu sorgen, aufhören, uns aufzuregen, wenn etwas nicht wunschgemäß läuft. Wenn wir aufhören, Dinge zu tun, die uns den Weg zum Frieden in unserem Innersten verbauen, wird uns klar, dass das, wonach wir die ganze Zeit gesucht haben, da ist und in aller Stille auf seine Entdeckung durch uns wartet.

> Die Menschen werden nicht durch
> die Umstände beunruhigt, sondern durch
> deren Betrachtungsweise.
>
> *Epictet*

Das ist für mich die Spiritualität 101. Es ist ein universelles Prinzip, unabhängig von Zeit, Kultur oder religiösen Anschauungen. Und es ist das Kernprinzip, auf dessen Grundlage sich viele der spirituellen Praktiken darlegen lassen.

Vergebung

Das konventionelle Verständnis von Vergebung basiert auf der Vorstellung der Absolution oder des Verzeihens – etwa in der Art: „Ich weiß, du hast eine Verfehlung begangen, aber ich will diesmal noch einmal darüber hinwegsehen." Die ursprüngliche Bedeutung von Vergebung ist aber eine ganz andere. Der alte griechische Begriff für Vergebung ist „*Aphesis*", was aufgeben bzw. sein lassen bedeutet. Wenn wir anderen vergeben, dann geben wir unsere Bewertungen auf, die wir ihnen aufgezwungen haben. Wir lassen ab von unseren gesamten Interpretationen und Einschätzungen, von all unseren Gedanken über Recht und Unrecht, Freund und Feind.

Stattdessen nehmen wir nun hier einen anderen Menschen wahr, wie er von seinen eigenen Illusionen über sich und die ihn umgebende Welt gefangen gehalten wird. So wie wir fühlt er das Bedürfnis nach Sicherheit, Kontrolle, Anerkennung, Zustimmung oder Anregung. Auch er fühlt sich wahrscheinlich bedroht durch andere Menschen und alles, was ihn vom Erfülltsein abhält. Und genau wie wir macht er manchmal Fehler. Und dennoch, jenseits all dieser Verfehlungen ist er doch nur ein weiteres nach Seelenfrieden suchendes Kind Gottes.

Selbst die, welche bei uns als übel gelten, suchen letztlich dasselbe. Sie suchen ihre Erfüllung einfach mit rücksichtslosen oder sogar brutalen Mitteln – sei es, weil sie in ihrer Kindheit etwas erleiden mussten oder bestimmte Anschauungen angenommen haben. In ihrem tiefsten Inneren sind sie nichts anderes als ein weiteres Flackern des göttlichen Lichts und ringen darum, in dieser Welt Errettung zu finden.

Vergebung ist etwas, das wir viel mehr für uns selbst als für den anderen tun. Wenn wir die Bewertungen der anderen aufgeben, geben wir gleichzeitig die Ursachen für viele unserer eigenen Verstimmungen und Verärgerungen auf.

> Es gibt nichts Schmerzlicheres, als umherzugehen
> mit Bitternis im Herzen.
>
> *Hugh Prather*

Unser Groll mag seinerzeit einmal gerechtfertigt gewesen sein, aber er hilft uns nicht – vielmehr richtet er bei uns selbst mehr Schaden an als bei den anderen. Je mehr wir uns von unseren Bewertungen und Verstimmungen freimachen, desto eher kann der Friede sich in uns ausbreiten.

Diese Einstellungsänderung ist von entscheidender Bedeutung für die Bewusstseinsänderung. Als ich zum ersten Mal von höheren Stadien des Bewusstseins hörte, stellte ich mir vor, dass man das Gewahrsein in subtilere Größenordnungen bringt, möglicherweise neue Energien oder sich irgendeinen anderen Aspekt der Wirklichkeit erschließt, der jenseits meiner Alltagserfahrungen liegt. Aber in all den Jahren habe ich allmählich herausgefunden, dass Erleuchtung darin besteht, dieselbe Welt, diese jedoch in einem anderen Licht zu sehen. Es ist nicht so sehr die Fähigkeit, andere Dinge zu sehen, sondern die Fähigkeit, die Dinge anders zu betrachten.

Gebet

Die Entscheidung, wie ich eine Situation betrachte, kann ich jederzeit selbst treffen. Ich kann sie mit den Augen des materialistischen Einstellungsmusters betrachten, das sich darum sorgt, ob es nun auch wirklich alles bekommt, was es zum Glücklichsein braucht. Ich kann andererseits aber auch dazu übergehen, die Situation mit Augen zu sehen, die sich nicht von dem Diktat dieses gedachten Systems trüben lassen.

Diese Wahl zu treffen ist indessen nicht immer einfach. Denn erst einmal befangen von einer Furcht auslösenden Wahrnehmung, bin ich mir selten bewusst, dass für diese Dinge überhaupt eine andere Betrachtungsweise besteht. Ich denke, dass meine Wirklichkeit die Einzige ist.

Manchmal erkenne ich jedoch, dass es auch andere Möglichkeiten der Wahrnehmung gibt, aber ich weiß nicht welche. Ich kann den Wechsel in der Betrachtungsweise nicht selbst vollziehen; ich brauche Hilfe. Aber wo kann ich Hilfe bekommen? Andere Leute sind doch höchstwahrscheinlich im selben Denksystem gefangen wie ich. Ich muss, um Hilfe zu finden, einen Ort tief in meinem Inneren, eine Ebene des Bewusstseins jenseits von materialistischen Einstellungsmustern aufsuchen, den inneren Ort Gottes. Ich muss Gott um Hilfe bitten. Ich muss beten.

Wenn ich so bete, dann bitte ich nicht um die gnädige Intervention eines äußeren Gottes. Ich richte mein Gebet an die innere göttliche Gegenwart, mein wahres Selbst. Im Übrigen bete ich nicht dafür, dass die Welt sich ändern möge. Ich bete um eine andere Wahrnehmung der Welt. Ich bitte darum, dass die göttliche Intervention die Ebene erreichen möge, wo sie wirklich zählt – nämlich die Ebene, auf der meine Einstellungsmuster mein Denken bestimmen.

> Ein Problem kann nicht mit Hilfe des Bewusstseins,
> durch welches es herbeigeführt wurde, gelöst werden.
>
> *Albert Einstein*

Die Ergebnisse beeindrucken mich jedesmal aufs Neue. Ich fühle, wie meine Befürchtungen und Bewertungen sich verflüchtigen. An ihre Stelle tritt ein Gefühl der Leichtigkeit. Alle Dinge und all die Menschen, die Auslöser meiner Sorgen waren, sehe ich mit den Augen der Liebe und des Mitgefühls.

Gott ist Liebe

Die Liebe ist eine weitere Gott zugeschriebene Eigenschaft. Diese Liebe sollte nicht mit der Bedeutung von Liebe in unserer heutigen Welt verwechselt werden – also derjenigen, die auf den Ursprüngen jener materialistischen Einstellungen beruht, von der viele unserer Lebensbereiche bereits geprägt sind. Wir denken doch, wenn nur die anderen so dächten und handelten, wie wir es uns wünschen, wären wir glücklich. Tun sie das nicht, so entstehen Gefühle von Verärgerung, Wut, Frustration oder andere lieblose Emotionen. Wenn wir jemandem begegnen, der nach unserer Auffassung unsere inneren Wünsche befriedigen kann – das heißt, jemand, auf den unser Bild von einer perfekten Persönlichkeit zutrifft, dem unser Herz Wärme entgegenbringt, dann sagen wir, wir lieben ihn.

Eine solche Liebe knüpft sich indes an Bedingungen. Wir lieben jemand aufgrund seines Erscheinungsbildes, seiner Verhaltensweisen, seines Intellekts, seines Körpers, seiner Begabungen, seines Geruchs, seiner Gewohnheiten, seiner Überzeugungen und Wertsetzungen. Wir lieben jemand, den wir für etwas Besonderes halten – jemand, der unseren Erwartungen entspricht, jemand, der unsere tief sitzenden Bedürfnisse befriedigt, jemand, der unser Leben mit Inhalt füllt.

Eine derartige Liebe ist aber auch zerbrechlich. Sollte der andere zunehmen, eine ärgerliche Gewohnheit entwickeln oder sich nicht gemäß unseren Vorstellungen um uns kümmern, dann können unsere Bewertungen über diesen Menschen vom Positiven ins Negative umschlagen, und die Liebe verschwindet genauso schnell, wie sie gekommen ist.

Da, wo Liebe und Hass gleichermaßen fehlen,
ist alles klar und unverhohlen.

Sosan, der dritte Zen-Patriarch

Die Liebe, von der die Mystiker sprechen, ist eine gänzlich andere. Es handelt sich um eine bedingungslose Liebe, die nicht darauf basiert, welche Gewohnheiten jemand hat. Sie beruht nicht auf unseren Wünschen, Bedürfnissen, Hoffnungen, Befürchtungen oder irgendwelchen anderen Manifestationen des materialistischen Einstellungsmusters. Bedingungslose Liebe ist die Liebe, die fortdauert, wenn der Geist still geworden ist und wir uns im Zustand der Furchtlosigkeit befinden, frei von Bewertung und Urteil.

Die goldene Regel

So sehr wir auch die bedingungslose Liebe in uns spüren möchten, so sehr wünschen wir, dass auch die anderen sie uns gegenüber empfinden mögen. Niemand von uns möchte kritisiert, abgelehnt, ignoriert oder manipuliert werden. Wir wollen doch wertgeschätzt, geehrt und respektiert werden. Und dies beschränkt sich nicht allein auf unsere intimen Beziehungen in Familie und Partnerschaft, sondern betrifft in gleicher Weise unsere Beziehungen zu Menschen, mit denen wir arbeiten, denen wir gesellschaftlich begegnen und auch zu Fremden, die wir auf der Straße oder im Flugzeug treffen. Wir möchten doch, dass man sich in jeder Beziehung irgendwie um uns kümmert.

Wenn es denn die Liebe ist, die wir alle wollen, dann sollten wir sie uns einander auch geben. Aber das ist nicht immer leicht. Wir sind oft so sehr damit beschäftigt, Liebe für uns selbst einzuheimsen oder uns die Liebe zu bewahren, dass wir ganz vergessen, dass die anderen genau dasselbe wollen. Sehr schnell haben wir uns in einem Teufelskreis verstrickt, der uns die Liebe, wie wir sie wirklich suchen, vorenthält.

Wenn uns etwas verletzt, was jemand gesagt oder getan hat – ob er es nun absichtlich getan hat oder wir uns das Ganze nur einbilden –, dann ist es eine ganz normale Reaktion, dass wir uns wehren und es dem anderen heimzahlen. Das ist nicht die nobelste oder weiseste Antwort, nichtsdestoweniger tendieren wir aber immer zu dieser Art des Verhaltens, wenn wir glauben, vom Verhalten anderer abhängig zu sein. Engen den anderen aber dieselben Einstellungsmuster ein, dann wird er sich vermutlich genauso verhalten wie ich und wiederum etwas Kränkendes entgegnen oder tun.

Auf diese Weise kommt ein Teufelskreis in Gang. Oberflächlich betrachtet mag eine Beziehung als glücklich gelten, weil man keine offene Feindseligkeit bemerkt. Aber in Wirklichkeit findet ein subtiles Spiel statt. Jeder, der darum bemüht ist, die Liebe, die er durch den anderen erfährt, noch zu steigern, wird versuchen, den anderen unter Druck zu setzen, statt ihm Liebe entgegenzubringen. Darin besteht das tragische „Lose-Lose“[21]-Spiel, welches selbst die beste Beziehung zerstören kann, wenn man es beibehält.

So leicht man in den Zirkel hineingerät, so leicht kommt man auch wieder heraus. Der Schlüssel ist einfach: Gib Liebe und halte sie nicht fest. Das heißt in der Praxis, dass alles, was wir sagen und auch wie wir es sagen, darauf abzielt, dass der andere unsere Liebe und Zuwendung und nicht Angriff oder Verletzung fühlt.

> Wenn du es vermagst, dich so zu verhalten,
> dass du niemand gering schätzt oder seine
> Freiheit einschränkst, dann verhältst du dich,
> wie es das Dharma verlangt.
>
> SAI BABA

Buddha nannte dies die „richtige Sprache“. Wenn es dir nicht gelingt, Dinge so auszudrücken, dass der andere sich gut dabei fühlt, dann ist es besser, nobel zu schweigen. Das soll nicht als ein Drumherummogeln angesehen werden. „Ich weiß nicht, wie ich es dir am besten sage, ohne dich zu kränken, deshalb halte ich lieber

---

21 „To lose“ im Englischen bedeutet verlieren. Im Gegensatz zum „Win-Win“-Prinzip, bei dem alle gewinnen, steht das „Lose-Lose“-Prinzip für eine Situation, aus der alle als Verlierer hervorgehen.

den Mund." Es ist wertvoll, unsere Gedanken und Gefühle auszudrücken, aber wir müssen es in einer Weise tun, dass kein Teufelskreis in Gang gesetzt wird. Daher sollten wir nur so lange nobel schweigen, wie es nötig ist – und zwar so lange, bis uns eingefallen ist, wie sich das, was wir zum Ausdruck bringen wollen, liebevoll und freundlich formulieren lässt.

Spirituelle Lehren bezeichnen dies oft als die *goldene Regel*. „Betrachte deines Nachbarn Gewinn als deinen Gewinn, und des Nachbarn Verlust als deinen Verlust", so besagt der Taoismus. Der Koran verkündet: „Es ist niemand unter euch ein Gläubiger, bis er für seinen Bruder wünscht, was er für sich wünscht." Und Christus sagt: „Was der Christ wünscht, das ihm getan werde, das möge er dem anderen tun."

Der Schlüssel ist die Freundlichkeit, die Absicht, niemandem Böses zu tun. Diese Sichtweise entstammt der Anerkennung dessen, dass das Licht des Bewusstseins, das in uns allen da ist, göttlich ist. Wir huldigen Gott, indem wir einander Ehre erweisen. Denn jeder von uns ist heilig.

> Meine Religion ist die Freundlichkeit.
>
> *Der Dalai Lama*

Ganz anders als der Gott meiner Jugend, den ich abgelehnt habe, besteht nun zwischen dem Gott als Licht des Bewusstseins und meinen wissenschaftlichen Erkenntnissen keinerlei Konflikt, noch widerspricht es meinen intuitiven Überzeugungen und meinem Verstand. In der Tat zeichnet sich vielmehr eine ultimative Konvergenz zwischen Wissenschaft und Religion ab." "nachdrücklich ein Zusammenlaufen von Wiesenschaft u. Religion!"

8

Die Begegnung von Wissenschaft und Geist

Gott ist reines Nicht-Ding, im Hier und Jetzt verborgen. Je weniger du nach ihm suchst, umso eher wird er sich dir offenbaren.

Angelius Silesius

Obwohl ich von Indien mit einem neuen Verständnis von Gott zurückkehrte, führte dies nicht zur Rückkehr zur konventionellen Religion. Ich wollte das, was die spirituellen Traditionen der Welt über das menschliche Bewusstsein entdeckt hatten, in Begriffe und Praktiken übersetzen, die auf das zwanzigste Jahrhundert angewandt werden konnten.

Zurück in Cambridge sah ich mich der Frage gegenüber, wie sich diese neuen Interessen in mein akademisches Leben integrieren ließen. Das Abschlussexamen meines Studiums in theoretischer Physik und experimenteller Psychologie hatte ich „first class“ abgeschlossen. Diese Auszeichnung sicherte mir die Zulassung zur Promotion. Ich legte daher das Thema für meine Doktorarbeit vor, das meinem Herzen am allernächsten lag – die Meditation. Ich wollte die Veränderungen von Geist und Körper, zu der die Meditation führt, erforschen. Aber der zuständige Psychologie-Professor war damit nicht einverstanden. Er sagte mir, die Meditation sei kein angemessenes Thema für ein Studium. Wenn ich Grenz-Phänomene studieren wolle, könne ich über Hypnose, nicht aber über Meditation arbeiten.

Ich dachte ein wenig ernüchtert, jetzt müsse ich wohl doch die Arbeit in der Informatik aufnehmen. Ich hatte ein Postgraduierten-Diplom in Computerwissenschaften erworben und IBM war an mich herangetreten, um mir eine Stelle in ihren Forschungslabors anzubieten, wo man sich neuerdings mit Computergraphik beschäftigte. Wer vermag zu sagen, wie sich mein Leben wohl entwickelt hätte, wäre ich diesem Weg gefolgt – insbesondere wenn man berücksichtigt, welche Rolle die Computer-Graphik heute spielt? Meine Karriere schlug jedoch dank einiger unvorhergesehener Begebenheiten eine andere Richtung ein.

Das Stress-Labor

Eine Woche nach der Ablehnung meines Themas für die Doktorarbeit sprach einer meiner Freunde mit seinem Vater über die entmutigenden Kommentare des Universitätsprofessors bezüglich der Meditation. Der Vater meines Freundes war Professor der Bildung an der Universität von Bristol, im Westen Englands. Einige Tage später erzählte er Ivor Pleydell-Pearce, einem Kollegen, der die psychologische Fakultät in Bristol leitete, beiläufig von meiner Geschichte. Von alldem erfuhr ich erst, als ich eine Einladung nach Bristol zu einem Gespräch erhielt.

Ivors Forschungen betrafen den Stress, und er hatte besonderes Interesse an der Meditation als Kontrapunkt zum Stress. Außerdem verfügte er über ein voll eingerichtetes Laboratorium, das nicht genutzt wurde und das er mir zur Verfügung stellen konnte. Hätte ich wohl Lust, zu ihm zu kommen, um hier an meiner Doktorarbeit zu arbeiten? Ich muss wohl nicht weiter erklären, wie leicht mir diese Entscheidung fiel. Die Mittel wurden bald bereitgestellt, und ich ging nach Bristol.

> Es gibt im Leben nur zwei Möglichkeiten:
> Entweder erkennt man kein Wunder an oder
> man akzeptiert, dass alles ein Wunder ist.
>
> ALBERT EINSTEIN

Auf der Tür zu dem Labor, das ich benutzen sollte, befand sich ein Hinweisschild: Stress-Labor. Das amüsierte mich, weil ich doch genau das Gegenteil, nämlich die Entspannung erforschen wollte. Das Labor selbst war äußerst tauglich. Es enthielt Geräte zur Überwachung physiologischer Prozesse, und genau das waren die Ausrüstungsgegenstände, die ich für meine Arbeit benötigte. Damit nicht genug, es gab idealerweise auch eine Schallschutzkammer. Man hätte sich kaum einen stressfreieren Ort vorstellen können. Hinter geschlossenen Türen hörte man von der Welt draußen nicht das geringste Geräusch, es herrschte totale Stille und bei ausgeschalteter Beleuchtung auch totale Dunkelheit – eine Höhle des Himalaja in einem Labor. Ich fand die geeignete Umgebung für künftige experimentelle Projekte und ungestörtes Meditieren. Und am Ende eines langen Arbeitstages konnte auch ich die perfekte Umgebung für die eigene Meditation nutzen.

Den Geist auf die Erde holen

Meine Studien ergaben parallel zu den Ergebnissen mehrerer Forscher der USA, dass die Transzendentale Meditation physiologische Veränderungen mit sich brachte, die das exakte Gegenteil der Stress-Symptomatik waren. Buchstäblich jeder Stress-Indikator, angefangen vom Pulsschlag über den Blutdruck bis hin zu den chemischen Körperreaktionen und Gehirnaktivitäten, zeigte bei der Meditation genau gegenläufige Entwicklungen. Herbert Benson von der „Harvard Medical School" legte hierfür den Begriff „Entspannungs-Reaktion" fest, und die Meditation wurde fast über Nacht anerkannt. Sie wurde Patienten von ihren Ärzten empfohlen, und die Lehrer regten an, dass auch die Studenten meditieren sollten. Sogar die Geschäftsleute aus den Metropolen nahmen an Kursen in der Stille teil.

Die wissenschaftliche Auseinandersetzung mit der Meditation hatte auch auf mein eigenes Leben großen Einfluss. Im zweiten Forschungsjahr wurde ich erneut von IBM angesprochen, diesmal aber nicht in Sachen Computergraphik. Sie hatten von meinen Forschungsergbnissen gehört und fragten mich, ob ich nicht einigen ihrer Direktoren Kurse in Transzendentaler Meditation geben wolle.

So begann meine Unternehmenskarriere. Während der folgenden zwanzig Jahre entwickelte und betrieb ich Programme für eine Vielzahl von Firmen, kleine und große. Meine Arbeit ging über Meditation und Stress hinaus, und ich wandte mich der Kreativität, dem Lernen und der Kommunikation zu. Dennoch blieb mein ureigener Fokus immer mehr oder weniger auf die Entwicklung des Selbst ausgerichtet. Ich wollte die Ideen und Praktiken, die sich auf meiner eigenen inneren Reise bewährt hatten, nutzen und ihnen Formen verleihen, die für Menschen von Bedeutung waren, deren hauptsächliches Interesse darin bestand, Mitarbeiter zu führen, Unternehmensziele zu erreichen und Geschäfte abzuschließen – ganz zu schweigen vom Zahlen der Hypothek und der Erziehung der Kinder.

Ich sprach nie in Begriffen der Spiritualität. Die meisten der Menschen, mit denen ich arbeitete, hätte ich mit Andeutungen über Religion und Mystizismus in die Flucht geschlagen. Wenn aber die spirituelle Weisheit ewig und universell ist, so müsste es doch, wie ich dachte, auch möglich sein, diese in einer zeitgemäßen Sprache auszudrücken, der Sprache von Wissenschaft und Verstand. Um eine spirituelle Entwicklung annehmbar zu machen, musste sie zunächst verständlich gemacht werden. Sie musste innerhalb des geltenden Weltbildes einen Sinn ergeben.

> Die Wissenschaft ist ohne die Religion lahm;
> die Religion ist ohne die Wissenschaft blind.
>
> ALBERT EINSTEIN

In Bristol nahm auch meine Karriere als Autor ihren Anfang. Während meines letzten Jahres dort regte der Herausgeber eines akademischen Magazins an, ich solle einen Beitrag über das Bewusstsein abfassen. Ich wies darauf hin, dass ich Wissenschaftler und kein Autor sei. Er versicherte mir, dass es seine Aufgabe als Herausgeber sei, aus meinen wie auch immer gearteten Texten einen Artikel zu machen. Nachdem ich meinen Artikel abgegeben hatte, vernahm ich mit Staunen, dass er den Beitrag gut, ja sogar sehr einleuchtend fand.

Erst mehrere Jahre später – ich hatte bereits etliches veröffentlicht – verstand ich den Grund dafür. Ich schrieb als Mathematiker, indem ich meine Ideen in logisch aufeinander folgende Abläufe brachte, die den Leser Schritt für Schritt auf meinem Weg zur Lösung begleiteten.

Bevor ich Bristol verließ, hatte ich bereits mit der Arbeit an meinem ersten Buch begonnen, die „TM Technik". Ich wollte einige der falschen Auffassungen über die Transzendentale Meditation ausmerzen und die spirituellen Aspekte der Meditation mit den wissenschaftlichen Forschungen über ihre Wirkungsweise in Einklang bringen. Als das Buch herauskam, erhielt ich eine Einladung vom BBC, eine Sendereihe über Meditation zu machen, was zu meinem zweiten Buch führte, das „Meditation" hieß. Zwei Jahre darauf war ich Co-Autor bei einer neuen Übersetzung der *Upanishads*, einem der Meilensteine der indischen Philosophie. Meine zunehmende Tätigkeit in der Geschäftswelt führte zu den Veröffentlichungen *The Brain Book* und *The Global Manager*. Noch zwei weitere Bücher, *The Global Brain und The White Hole in Time*, widmeten sich der Bedeutung des inneren Wachsens und bezogen sich auch auf die Fragen der Zeit, besonders der Informationsüberflutung und dem immer schneller werdenden Tempo der Entwicklung.[22]

Mit meinen kontinuierlichen Untersuchungen von den Aussagen spiritueller Lehren zum Bewusstsein wuchs mein Interesse an der Evolution – nicht allein an der biologischen, sondern an der Evolution im weitesten Sinne, von dem Entstehen der Urmaterie im Frühstadium des Universums bis zur Entwicklung der Menschheitskultur im modernen Zeitalter. Außerdem wurde klar, dass es Seite an Seite mit der Evolution physischer Erscheinungs-

---

22 *The Global Brain* wurde ursprünglich in England unter dem Titel *The Awakening Earth* herausgegeben und später unter dem Titel *The Global Brain Awakens* überarbeitet. Eine überarbeitete Ausgabe von *The White Hole in Time* ist kürzlich unter dem Titel *Waking Up in Time* veröffentlicht worden.

formen auch eine Parallelentwicklung des Bewusstseins gegeben haben muss. Die künftige Entwicklung der Menschheitsrasse, so stellte ich fest, führt nicht weit in das Weltall hinaus, sondern nach innen zu den verborgenen Tiefen des Bewusstseins – und letztlich zu dem einen Göttlichen.

Wie schon in der Einleitung erwähnt, führte mich das Interesse an der Bewusstseinsentwicklung zu dem Schluss, dass das herrschende wissenschaftliche Metaparadima unvollständig ist und dass das Bewusstsein einbezogen werden muss, und zwar als primärer Aspekt der Realität. Indem ich Paradigmenwechsel weiter untersuchte, bemerkte ich, dass genau wie die Wissenschaft auch die Religion eine Reihe von Paradigmenwechseln erlebt hat. Darüber hinaus – und dies klingt vielleicht zunächst einmal überraschend – schienen beide Wechsel in dieselbe Richtung zu gehen.

Spirituelle Paradigmen

Die frühen Religionen gehen wahrscheinlich auf eine Zeit zurück, da den Menschen klar wurde, dass sie und die anderen Menschen sich bewusst waren. Von dort war es nur ein kleiner Schritt anzunehmen, dass andere Lebewesen sich ebenfalls bewusst waren. Wenn man einem Bären oder einer Krähe in die Augen sah, konnte man sich unschwer vorstellen, dass „da drinnen“ auch ein mit Bewusstheit begabtes Wesen lebte. Das nahm man auch von Pflanzen und weiteren natürlichen Phänomenen wie Flüssen und Bergen an. Auch diese hatten demzufolge ihre eigene Seele und einen eigenen Geist.

Die Existenz solcher Geister erklärte nun viele Dinge, für welche die Völker der Frühzeit keinerlei Erklärung hatten – warum Regen fiel, warum Vulkane ausbrachen, warum die Menschen krank wurden, warum sich Unfälle ereigneten. Wenn ein Felsen den Berg heruntergepoltert kam und einen Stammesgenossen verletzte, so war daran wahrscheinlich der Geist des ärgerlich gewordenen Berges Schuld. Man mochte nun versuchen, diesen irgendwie zu besänftigen – vielleicht durch Opfergaben oder indem man um Vergebung betete.

Wären Sie in einer dieser Traditionen aufgewachsen, so hätten Sie deren unterschiedliche Dogmen als Realität angesehen. Und diese Dogmen hätten den Weg zum Paradigma Ihrer Kultur geebnet – kein wissenschaftliches Paradigma zwar, aber ohne weiteres dennoch ein Paradigma; die Weltanschauung, die Ihrer Wahrnehmung Gestalt verlieh. Die Alltagserfahrungen wären innerhalb dieses Rahmens verstanden worden. Jede anomale Beobachtung – die Opfergaben an den Berg hielten die Felsen nicht unbedingt immer davon ab, auf Menschen herabzufallen – wurde ignoriert oder ist auf irgendeine Weise in die vorherrschende Weltauffassung integriert worden.

Viele Götter

Mit dem Fortschritt der Kulturen änderten auch die Menschen ihre Anschauung über die Geister. Nicht nur die Tiere und Pflanzen hatten ihren eigenen Geist, sondern auch ganze Arten. Es gab eine Eulen-Göttin, einen Gott der Bären, einen Krähengott. Natürliche Phänomene hatten ebenfalls ihre eigenen herrschenden Geister – den Gott des Donners, den Gott des Windes, die Göttin der Erde. Diese Wesen erschienen nicht in der physikalischen Gestalt von Tieren oder Pflanzen, sondern lebten oben im Himmel, auf den Berggipfeln oder anderswo weit entfernt.

Der Übergang, weg von Geistern in natürlichen Erscheinungsformen hin zu übernatürlichen „über die Natur" hinausgehenden Göttern und Göttinnen bedeutete ein neues religiöses Paradigma, das des Polytheismus, der „Vielgötterei". So wie die Geister früherer Religionen erklärte nun die Existenz dieser Götter viele Dinge. In der griechischen Mythologie ritt Apollo mit der Sonne auf dem von fliegenden Pferden gezogenen Wagen am Himmel entlang. Herkules hielt die Welt aufrecht. Cupido (Amor) war dafür zuständig, dass die Menschen sich verliebten. Diese Götter besaßen oft sehr menschliche Züge: sie konnten freundlich gestimmt, ehrgeizig, streitbar, eifersüchtig, böse oder weise sein. Die einen standen für das Böse, die anderen für die Kräfte des Guten.

Sie nahmen auch regen Anteil am Geschick der Menschen, an Menschen in Not und wandten ein gewisses Regelwerk der kosmischen Ordnung und des kosmischen Gesetzes an. Die Menschen, die sich schlecht benahmen, wurden von den Göttern bestraft, entweder noch zu Lebzeiten oder im Leben danach – das zu diesem Zeitpunkt seine eigene vielfältige Mythologie erworben hatte –, während denjenigen, die den Göttern Reue für ihre Untaten zeigten, vergeben wurde.

Ein Gott

Der nächste Paradigmenwechsel vollzog sich durch die Reduzierung der vielen Götter auf einen allmächtigen Gott. Um 600 vor Christus begann ein junger Mann namens Zarathustra, der, wie man sagte, von einer Jungfrau geboren worden war, zu predigen, es gebe nur einen wahren Gott. Es gab wohl immer noch vielerlei Engel, Erzengel und einen Teufel, aber es gab nur einen einzigen Retter – Ahura Mazda (der weise Herr). Die Lehren Zarathustras markierten den Beginn der Religion des Zoroastrianismus (Zoroaster ist der griechische Name für Zarathustra). Heute stellt dieser nur noch einen Minderheitsglauben dar, aber er bereitete den zeitgenössischen monotheistischen Traditionen des Judaismus, des christlichen Glaubens und des Islam den Weg.

> Denke Gutes, tue Gutes, sprich die Wahrheit.
>
> ZARATHUSTRA

Bei diesen monotheistischen Religionen war Gott ein einzigartiges, absolutes und persönliches Wesen – die übergeordnete Intelligenz, allmächtig und allwissend. Er (Gott wurde gewöhnlich als Mann dargestellt) hatte nicht nur die natürliche Welt erschaffen, sondern wachte weiterhin über sie und die auf ihr wohnenden Menschen.

Die Bedeutsamkeit der Liebe rückte zunehmend in den Vordergrund – nicht die romantische Liebe, sondern die hingebende Liebe. Liebe Gott, so wirst du auch von ihm geliebt. Die Liebe zu den Mitmenschen war in gleichem Maße wichtig – obwohl es für manch einen schwierig war, die Liebe auf Angehörige anderer Religionen auszudehnen.

Kein Gott

Mit dem Wandel von der Vielgötterei zu Eingottreligionen kam der Atheismus (kein Gott) auf. Eine Religion ohne Gott scheint ein Widerspruch zu sein, trotzdem erwuchsen aus ihr weit reichende Traditionen.

Im sechsten Jahrhundert vor Christus wurde ein junger Prinz namens Mahavira seiner angestammten „Vedic"-Religion überdrüssig, welche nach Tieropfern verlangte und auf der Beibehaltung bedeutungsloser Rituale beharrte und fiktiven von Menschen gemachten Göttern huldigte. Indem er den großzügigen Lebensstil des Palastes aufgab, zog er dreizehn Jahre lang ohne einen Pfennig umher und suchte nach einem besseren Weg. Eines Tages dann, als er in tiefer Meditation lag, erfuhr er ein Einssein mit allen Geschöpfen und gleichzeitig eine Befreiung vom weltlichen Gebundensein. Er erklärte sich daraufhin zum Jina, „Dem Eroberer" des Geistes, und ermutigte seine Anhänger, die sogenannten Jains, eine ähnliche Befreiung durch aufrechtes Leben, Gewaltlosigkeit und Friedfertigkeit zu suchen.

Kurze Zeit später kehrte noch ein indischer Prinz, Siddhartha Gautama dem Luxus des Palastlebens den Rücken und machte sich daran, einen Weg zum Ende allen Leids zu finden. Nach sechs Jahren erfuhr auch er im Zustand tiefer Meditation seine Befreiung und wurde Buddha genannt – „Der Erweckte". Buddha erkannte, dass das Leid sowohl selbst geschaffen als auch unnötig war und begann andere zu lehren, wie man erwacht und zum wahren Frieden findet.

Zur selben Zeit entstanden in China zwei Religionen. Wie schon Jina und Buddha, so lehrten auch Lao Tse und Konfuzius, dass die Menschen die Wahrheit entdecken und inneren Frieden finden konnten, ohne an etwas Göttliches zu glauben. Auch sie leiteten zum Leben der Einfachheit, der Tugend, der Ehrlichkeit und vor allem der Friedfertigkeit an.

„Bist du ein Gott?", fragten sie Buddha.

„Nein", antwortete er.

„Bist du denn ein Engel?" „Nein."

„Ein Heiliger?" „Nein."
„Aber was bist du denn dann?"
Da entgegnete Buddha: „Ich bin erwacht."

HUSTON SMITH

Mit diesem vierten religiösen Paradigma gingen einige der Vorteile, wie sie eine wohl gesonnene Gottheit gewährleistete, verloren. Es gab für sämtliche menschliche Belange keine übernatürliche Kraft mehr; das Schicksal des Menschen lag nun in seinen Händen. In Bezug auf alles andere blieb indessen fast alles dasselbe. Die Liebe, die Friedfertigkeit und das rechte Leben waren wichtig geblieben. Die Errettung aus dem Leiden der Welt war immer noch möglich. In gewisser Weise gab es sogar immer noch den Teufel, der Teufel war jedoch jetzt in dem Menschen selbst. Es war das Ziel, den Geist von den selbst auferlegten Beschränkungen zu befreien – von der Begierde, Bindungen, Delusionen und dem falschen Wesen des Selbst.

Alles ist Gott

Zusammen mit den verschiedenen polytheistischen, monotheistischen und atheistischen Religionen kam ein weiteres Thema auf, das des Pantheismus, was „Gott ist alles" bedeutet. Pantheistische Vorstellungen sind von Zeit zu Zeit innerhalb aller Kulturen aufgekommen. Der Sufi-Mystiker Ibn-al-Arabi schrieb:

Gott ist notwendigerweise alle Dinge ...
Die Existenz aller geschaffenen Dinge ist Seine Existenz.
Nichts siehst du, weder in dieser Welt noch der nächsten,
außer Gott.

Und Meister Eckhart predigte:

Gott ist überall und überall vollkommen.
Gott fließt in allen Dingen, in ihrem wahren Inneren ...
Gott ist der innerste Teil von jedem und allem.

Gott träumt in der Pflanze,
Gott schläft im Fels,
wirkt im Tier und erwacht im Menschen.

Sufi-Lehre

In den Philosophien der westlichen Welt erlangte der Pantheismus im frühen neunzehnten Jahrhundert in den Schriften Georg Hegels Bedeutung. Er entwickelte nicht allein die Theorie, dass alle Existenz Gott sei, sondern außerdem, dass die Geschichte als solche Teil der Selbst-Realisierung Gottes sei. Ähnliche Ansätze findet man in den Philosophien des zwanzigsten Jahrhunderts bei Alfred North Whitehead, Pierre Teilhard de Chardin und Sri Aurobindo.

Einstein war ein Pantheist. Sein Glaube mag sich nicht auf irgendein konventionelles Gottesbild bezogen haben, aber er glaubte, dass sich „in den Gesetzen des Universums ein Geist manifestiert – ein Geist, der dem des Menschen so unendlich überlegen ist, dass wir uns mit unseren moderaten Kräften albern vorkommen müssen."

Die reinen Pantheisten glauben, dass Gott das Wesen aller Dinge ist. Andere, die Panentheisten („Gott ist in allem", gegenüber „Gott ist alles"), glauben, dass Gott in allen Dingen und somit auch außerhalb von ihnen ist. Einige Pantheisten glauben an die Wirklichkeit der materiellen Welt, andere wiederum halten sie für eine Illusion. Einige glauben an die Existenz der individuellen Seele, andere nicht. Aber sie alle eint die Ablehnung Gottes als eines getrennten, überlegenen, übernatürlichen Wesens, dem Schöpfer der Welt und dem Richter über menschliches Handeln.

Viele Menschen sind heutzutage möglicherweise Pantheisten, ohne es zu wissen. Da er weder über Kirchengebäude, heilige Schriften und Gurus verfügt, ist der Pantheismus weit weniger sichtbar als andere Religionen, noch handelt es sich um eine Gemeinschaft, der man formell beitritt. Aber viele von denen, welche traditionelle monotheistische Religionen abgelehnt haben, bewahren sich einen Glauben an eine tiefere Gottheit und würden sich wahrscheinlich innerhalb der pantheistischen Vorstellungen heimisch fühlen.

Mit dem Pantheismus hat Religion den Kreis nahezu vollendet. Die frühen Religionen gingen davon aus, dass die Dinge mit einem inneren Geist beseelt sind und sie projizierten sehr menschliche Qualitäten auf diese Geister. Der Pantheist erkennt ebenfalls in allem seinen Geist, aber dies ist eher ein göttlicher Geist als einer mit menschlichen Qualitäten und Unzulänglichkeiten.

Paradigmen-Konvergenz

Weltweit waren die Ansichten über Wissenschaft und Geist nicht immer so weit voneinander entfernt, wie sie es heute sind. Vor fünfhundert Jahren bestand zwischen beiden ein nur geringer Unterschied. Die ausgeübten Wissenschaften existierten innerhalb der etablierten Weltanschauung der christlichen Kirche. Nach Kopernikus, Descartes und Newton machte sich die Wissenschaft frei von der Doktrin der monotheistischen Religion, indem sie ihr eigenes atheistisches Weltbild begründete, das sich inzwischen tatsächlich sehr weit von dem der traditionellen Religion entfernt hat. Aber beide können wieder vereint werden, und ich glaube, dass dies allmählich geschehen wird. Ihr Treffpunkt wird das Bewusstsein sein. Wenn die Wissenschaft sieht, dass das Bewusstsein eine Grundeigenschaft der Realität ist, und wenn die Religion Gott als das Licht des Bewusstseins ansieht, das in uns scheint, dann werden die Weltanschauungen aufeinander zustreben.

Bei dieser Konvergenz geht nichts verloren. Die Mathematik bleibt dieselbe – mit der Physik, der Biologie und der Chemie ist es genauso. Nach dem Wechsel mögen einige der Paradoxa der Relativität und der Quantentheorie in einem anderen Licht erscheinen, aber die Theorien als solche bleiben unangefochten. Dies ist allen Paradigmenwechseln gemein: Das neue Modell von der Realität enthält das alte als einen speziellen Fall. Einsteins Paradigmenwechsel hat keine Auswirkungen auf den Betrachter, der sich mit Alltagsgeschwindigkeit fortbewegt; was uns angeht, treffen die Newton'schen Bewegungsgesetze immer noch zu. Parallel hierzu wird unser Verständnis von der physikalischen Welt nicht angetastet, wenn das Bewusstsein als Grundeigenschaft der Realität anerkannt wird. Indessen wird uns dies zu einer tieferen Wertschätzung unseres Selbst verhelfen.

Dieselbe Durchgängigkeit zeigt sich auch auf der spirituellen Ebene. Viele der über die Jahrhunderte angesammelten Weisheiten bleiben unverändert. Die Vergebung, die Friedfertigkeit und die Liebe sind genauso bedeutsam wie eh und je. Viele der traditionell Gott zugeschriebenen Qualitäten verbleiben, sie werden jedoch auch der Fähigkeit zum Bewusstsein zugeordnet. Der Unterschied besteht darin, dass die spirituellen Lehren und die wissenschaftlichen Erkenntnisse nun auf einem gemeinsamen Boden stehen. Dies wird auch bei Paradigmenwechseln oft beobachtet. Newton brachte die terrestrische und die kosmische Mechanik als gemeinsam geltende Gesetze unter einen Hut. Maxwell integrierte die Elektrizität, den Magnetismus und das Licht innerhalb eines Satzes von Gleichungen. Wenn sich der Bewusstseins-Metaparadigmenwechsel – das Paradigma hinter den Paradigmen – vollzieht, geht die Integration um ein Vielfaches weiter. Es sind die beiden Hälften der Menschheitssuche nach Wahrheit, die sich unter einem Dach vereinen.

Diese Begegnung von Wissenschaft und Geist ist schwerwiegend – nicht allein für ein umfassendes Verständnis des Kosmos, sondern ebenfalls für die Zukunft unserer Spezies. Wir benötigen heute dringender als je zuvor ein Weltbild, welches die spirituelle Suche mit einbezieht. Denn es ist das Brachliegen der spirituellen Kräfte in unserer Zeit, auf dem so viele unserer Krisen beruhen.

9

DAS GROSSE ERWACHEN

Unsere Zeit, gottlob, ist jetzt,
da überall dem Falschen wir begegnen,
das uns begleiten wird, so lange,
bis endlich wir den mächtigen Seelenvorstoß wagen.
Das wird der größte Schritt der Menschheit werden.
Seelengröße hat von nun an jedes Ding,
des Unterfangens Ziel: in Gott hineingelangen.

CHRISTOPHER FRY

Je weiter ich mit meinem Studium der Natur des Bewusstseins vorankam, umso größeren Wert maß ich der anspruchsvollen Rolle bei, die das innere Erwachen in der modernen Welt spielen wird – in einer Welt, die trotz aller technologischen Errungenschaften tiefer und tiefer in Probleme hineingerät.

Die meisten der heutigen Probleme – angefangen von persönlichen Sorgen über gesellschaftliche, wirtschaftliche und umweltbedingte Probleme – gehen auf menschliches Handeln und Verhalten zurück. Diese beruhen auf dem Denken, den Gefühlen und den Bewertungen des Menschen, und diese wiederum werden durch den Glauben daran geprägt, dass wir das Glück durch Dinge erfahren, die wir haben und tun, und weil wir es nötig haben, ein durch und durch verletzliches Selbst zu umsorgen. Es sind solche psychischen Dinge, in denen unsere Probleme wurzeln. Die zunehmenden Krisen, die wir um uns herum beobachten, sind Symptome einer tiefer gehenden inneren Krise – der Krise des Bewusstseins.

9

Diese Entwicklung hat sich schon über geraume Zeit angebahnt. Die Saat dazu wurde vor Tausenden von Jahren gelegt, und zwar zu dem Zeitpunkt, als die Evolution des Menschen den Sprung ins Selbst-Gewahrsein machte, als das Bewusstsein sich seiner selbst bewusst wurde.

Die frühe Form von Selbst-Gewahrsein des Menschen schloss wahrscheinlich einen Identitätssinn mit dem eigenen Stamm und der Großfamilie ein, jedoch kein starkes individuelles Selbst. Aber allmählich entwickelte sich das innere Gewahrsein, indem es zunächst fokussierter wurde, bis es mit dem heutigen Stand den Punkt erreicht hat, wo wir empfinden, ein einzigartiges Geschöpf zu sein, das sich von allen anderen und der natürlichen Umgebung unterscheidet.

> Wenn Männer und Frauen von den Tieren
> herrühren,
> dann werden sie wahrscheinlich zuletzt bei den
> Göttern anlangen.
>
> *Ken Wilber*

Das Gewahrsein des individuellen Selbst ist jedoch nicht das Endstadium der inneren Evolution. Durch die gesamte Geschichte hindurch gab es vereinzelt Menschen, die entdeckt haben, dass dem Bewusstsein mehr Bedeutung zukommt als nur die, die wir normalerweise damit verbinden. Dieses Selbst, so sagen sie, ist gar nicht unsere wahre Identität. Darüber hinaus birgt dieses erhebliche Unzulänglichkeiten. Wenn unser Gewahrsein des Selbst sich darauf beschränkt, uns als das separate, abhängige, ganz und gar verletzliche Selbst zu begreifen, wird unser Denken entstellt und unsere Handlungen werden in die Irre gehen. Dadurch entsteht viel unnötiges Leid. Um uns aus dieser Lage zu befreien, müssen wir einen weiteren Schritt auf unserer inneren Reise unternehmen und die wahre Natur des Bewusstseins entdecken.

Unsere Reifeprüfung

In der Vergangenheit galt ein größeres Selbst-Gewahrsein als wichtig für persönliches Wohlergehen. Heute hat sich das Spiel gewandelt; es gilt jetzt als unumgänglich für unser kollektives Überleben.

Wir haben unser Verständnis über die externe Welt in immer rasanterem Tempo erweitert, was dazu geführt hat, dass wir die ungeahnte Fähigkeit besitzen, unsere Umgebung zu modifizieren und auf sie einzuwirken. Die Technologien, über die wir heute verfügen, haben dieses Potenzial derart vergrößert, dass wir in der Lage sind, uns nahezu jedes Ding, von dem wir träumen, zu erschaffen. Unser Wissen um die Reiche des Inneren hat sich indessen viel langsamer entwickelt. Wir hängen möglicherweise noch immer den Unzulänglichkeiten einer beschränkten Selbsthaftigkeit an wie die Menschen vor zweitausend Jahren. Und das ist die Ursache unseres Problems. Die Fortschritte in der Technologie mögen unsere Fähigkeiten, die Umwelt zu beherrschen, vervielfacht haben, aber sie haben ebenso die Unzulänglichkeiten unseres nur zum Teil entwickelten Bewusstseins verstärkt. Verleitet von den Geboten einer hergeleiteten Identität und vom Glauben daran, dass inneres Wohlbefinden auf externen Umständen beruht, haben wir unsere neuen Möglichkeiten missbraucht und die Erde ausgeplündert und vergiftet.

Wir sind jetzt an der Stelle angelangt, die Buckminster Fuller unsere „Reifeprüfung" nannte. Die vor uns liegenden Fragen sind einfach: Sind wir in der Lage, diesen begrenzten Bewusstseinsstand zu überwinden? Können wir unsere Illusion loslassen, entdecken, wer wir wirklich sind, und zu der Weisheit finden, derer wir so dringend bedürfen?

> Unsere Spezies ist viel zu gescheit, um ohne
> Weisheit zu überleben.
>
> *E. F. Schumacher*

Diese Fragen begegnen uns auf Schritt und Tritt. Die drangsalierte Umwelt zwingt uns dazu, unsere Prioritäten und Werte zu überdenken. Politische und wirtschaftliche Krisen decken die Unzulänglichkeiten unseres selbstsüchtigen Denkens auf. Die Desillusionierung des Materialismus lässt uns fragen, was es denn wohl ist, wonach wir wirklich trachten. Die immer schneller werdende Geschwindigkeit der Veränderungen verlangt uns ab, dass wir uns davon lösen, zu denken, die Dinge hätten so und so zu sein. Viele gesellschaftliche Probleme spiegeln die dem zeitgenössischen Weltbild innewohnende Bedeutungslosigkeit wider. Und unsere persönlichen Beziehungen fordern uns unentwegt heraus, Angst und Bewertungen fallen zu lassen und stattdessen bedingungslos zu lieben. Aus allen Richtungen hört man: „Werdet wach!"

Eine spirituelle Renaissance

Nie zuvor war der Druck nach spirituellem Wandel so stark und nie zuvor waren die Möglichkeiten für eine solche Renaissance so groß.

Unsere Wahl für den spirituellen Weg beschränkt sich nicht mehr auf die traditionellen Möglichkeiten, die zu der Zeit bestanden, als wir geboren wurden. Wir können auf die Gesamtheit des Spektrums von Weisheit auf der Welt zurückgreifen. Wir können von Kulturen lernen, die wie Peru und Tibet weit voneinander entfernt leben; von Traditionen so unterschiedlich wie die des Buddhismus, des Christentums, des Schamanismus; von Lehren, die vor Tausenden von Jahren entstanden, genauso wie von den zeitgenössischen Meistern.

Darüber hinaus können Erkenntnisse heute mit noch nie dagewesener Qualität bewahrt werden. In der Vergangenheit, als die spirituellen Lehren noch von Person zu Person weitergegeben, in verschiedene Sprachen übersetzt und von verschiedenen Kulturen aufgenommen wurden, ist zwangsläufig manche Lehre missverstanden oder verformt worden bzw. verloren gegangen. Übrig blieb zu guter Letzt ein beklagenswerter Rest der ursprünglichen Inspiration.

Heutzutage können Lehren viel akkurater und einfacher Verbreitung finden. Wir können uns unterwegs auf Reisen Videos ansehen und Audiobänder anhören. Wir können über Satellitenschaltung an einer Rundfunksendung bzw. einem Seminar, das am anderen Ende der Welt stattfindet, teilnehmen – und es sogar für späteres Betrachten aufzeichnen. Wir können mit fast jedem Menschen überall auf der Welt direkt sprechen. Zum ersten Male ist spirituelle Weisheit weltweit verfügbar.

> Die letzte Aufgabe der Zivilisation wird darin bestehen, ein vertieftes spirituelles Verständnis zu entfalten.
>
> *Arnold Toynbee*

Während man in früheren Jahrhunderten weitest gehend durch eigenes Erleben bzw. aus den Erfahrungen lernte, die in der unmittelbaren Umgebung gemacht wurden, können wir heute vom Lernen, das sich an zahllosen unterschiedlichen Orten rund um die Erde vollzieht, unmittelbar profitieren. Wir können uns das Erwachen jedes Einzelnen von überall her nutzbar machen.

Kollektives Erwachen

Als ich in den sechziger Jahren damit begann, das Bewusstsein zu studieren, gab es nur einige wenige Bücher zu diesem Thema. Obwohl Cambridge über eine der größten Buchhandlungen in England verfügte, gab es über „esoterische Studien" lediglich in einem kleinen Regal in einer Ecke der Abteilung „Theologische Literatur" ein paar Bände. Drei Dekaden darauf stellt sich die Situation schon ganz anders dar. Es gibt wohl kaum eine größere oder mittelgroße Stadt in der westlichen Welt, die nicht eine Buchhandlung mit Literatur zur Persönlichkeitsentwicklung und über das menschliche Bewusstsein hätte.[23]

---

[23] Ich möchte damit nicht unbedingt sagen, dass es sich bei diesen Büchern um gute Reflektionen der zeitlosen spirituellen Weisheit handelt. Wenn es ein Gebiet gibt, auf dem allergrößter Skeptizismus geboten ist, dann wohl im Bereich des so genannten „New-Age". Wie so oft bei Erstentwicklungen wird auf falschen Fährten gewandelt, und auf der Suche nach Wahrheit kann man leicht verleitet werden. Große Achtsamkeit und Sorgfalt sind erforderlich, um die Spreu vom Weizen zu trennen.

Die zahllosen Bücher, die auf diesem Gebiet in den letzten Jahren veröffentlicht worden sind, spiegeln die Myriaden von Einsichten und Entdeckungen wider, die Menschen während ihrer persönlichen Weiterentwicklung gewonnen haben. Manche dieser Bücher führen oder inspirieren Leser zur eigenen Erweckung, was dann zur Folge hat, dass diese Menschen ihre Entdeckungen anderen offenbaren – vielleicht wieder in schriftlicher Form, in Gesprächen und auf Tonträgern, über Web-Seiten oder im einfachen Gespräch in der Familie oder im Bekanntenkreis. In dem Maße, wie jeder von uns reift, vergrößert sich auch das Angebot, das er anderen machen kann. Je mehr die Menschen heranreifen, umso größer werden die Beiträge für die kollektive Erweckung.

Diese gegenseitigen Feedbacks führen nicht allein dazu, dass Zugangsmöglichkeiten zu Information und Anleitung für die innere Entwicklung wachsen, sondern auch dazu, dass sich unser Verständnis um die eigentliche Weisheit verfeinert. Wenn ich einer Lehre begegne, die mein inneres Wissen ergänzt, mein Verständnis vom Geist erhärtet oder meinen inneren Praktiken hilfreiche Elemente hinzufügt, so wird sie sich ganz von allein in mein eigenes Denken integrieren. Das kommt in den Ideen und Einsichten wieder zum Ausdruck, die ich mit anderen teile, wodurch es zu Resonanzen in deren eigenem Denken und Verständnis kommt. Wir gelangen so zu einer gegenseitigen Feinabstimmung im Begreifen der eigentlichen spirituellen Weisheit, indem wir uns immer enger in der gemeinsamen Wertschätzung unserer inneren Welten verbinden.

> Je mehr Seelen miteinander begreifen,
> je größer die Intensität ihrer Liebe –
> und jede Seele ist der anderen Spiegel.
>
> *Dante*

In dem Moment, wo wir unsere Wahrnehmungen teilen, werden die verschiedenen Ausdrucksformen dieses Wissens immer ähnlicher werden. Vor kurzem wurde ich während eines Vortrags gefragt, ob die Dinge, die ich behaupte, sich von denen vieler anderer unterschieden. Meine Antwort lautete: „Ich hoffe nicht."

Wenn ich etwas völlig anderes behaupte, dann befinde ich mich wahrscheinlich auf dem Holzweg.

Wir sind heute leicht versucht zu glauben, dass das Neue das Beste ist. Wir geraten in Erregung über die letzten Durchbrüche in der Physik, Biologie und Astronomie und nehmen sofort neue medizinische Fortschritte wie auch neue Informationstechnologien in Anspruch. Was aber die spirituellen Technologien anlangt, so ist das über Äonen hinweg bereits Geprüfte und Bewährte das Beste.

Unsere äußeren Umstände haben sich während des Verlaufs der Menschheitsgeschichte gewaltig verändert, unsere Auffassungen mögen sich von denen der Menschen der Vergangenheit stark unterscheiden, die Art und Weise jedoch, wie das Gehirn arbeitet, hat sich nicht geändert. Wie wir unseren Interpretationen von Wirklichkeit unterliegen, wie wir uns innerhalb der begrenzten Aspekte unseres Selbst identifizieren, wie unsere Bindungen und Ängste unsere Handlungen bedingen und wie wir uns selbst das Leid erschaffen – all dies hat sich nicht geändert. Und die grundlegenden Praktiken, mit Hilfe derer wir vermögen, uns aus den Verstrickungen zu befreien, haben sich auch nicht geändert. Auf diesem Gebiet fehlt es nicht an neuen Erkenntnissen, sondern lediglich an einer erneuten Ausformulierung der zeitlosen Weisheit unter Einbeziehung des derzeitigen Kontexts.

Die Brücke

Buddha stellte seine Einsichten in einer dem einstigen Indien gemäßen Form dar, Jesus in der dem Judaismus vor zweitausend Jahren entsprechenden Form und Mohammed in denen seiner Zeit und Kultur. Heute entdecken wir dieselbe eigentliche Weisheit wieder und kleiden sie in die Sprache des einundzwanzigsten Jahrhunderts.

Wir leben in einem von Wissenschaft und Vernunft dominierten Zeitalter. Neue Ideen müssen, damit wir sie anerkennen können, die Ansprüche unseres rationellen Geistes erfüllen und nachweisbar sein. Dass sie mit unserer Intuition in Einklang stehen, genügt uns nicht; sie müssen innerhalb des geltenden Weltbildes bestehen können.

9

Mehrere hundert Jahre lang wurde unser Weltbild von der Auffassung getragen, dass die wirkliche Welt die von Raum, Zeit und Materie ist. Auf der Basis dieses materialistischen Modells konnten die meisten weltlichen Phänomene abgehandelt und viele Geheimnisse aufgedeckt werden – und zwar auf so perfekte Weise, dass die Existenz Gottes dadurch ausgeschlossen schien.

Die Astronomen schauen tief in den Weltraum bis an den Rand des Universums. Die Kosmologen schauen tief in vergangene Zeiten hinein bis zum Anbeginn der Schöpfung. Und die Physiker haben in die tiefen Strukturen der Materie bis zu den ursprünglichen Bestandteilen des Kosmos hineingeschaut. In keinem dieser Fälle sind sie auf den Beweis für einen Gott gestoßen. Das Universum scheint sehr gut auch ohne göttliche Mithilfe auszukommen.

Vor dreißig Jahren hatte ich großes Verständnis für derlei Argumente. Heute erkenne ich an, dass der Gottesbegriff, den die Wissenschaft – wie auch ich – zurückwies, naiv und altmodisch war. Wenn wir uns einmal die Schriften der großen Heiligen und Weisen ansehen, dann werden wir dort nicht viele Hinweise darauf finden, dass Gott sich im Reich von Raum, Zeit und Materie aufhält. Wenn sie von Gott als dem Heiligen Geist, dem Göttlichen Licht, dem Geliebten, Yahweh, Elohim, Brahman, Buddha, dem, der hinter aller Schöpfung weilt, sprechen – dann geht das auf eine tiefe, jeweils persönliche Erfahrung zurück. Wenn wir Gott finden wollen, müssen wir nach innen schauen, tief in den Geist – in ein Reich, das die westliche Wissenschaft erst noch erobern muss.

Ich glaube, dass wir, sind wir erst einmal in die Natur des Geistes so tief eingedrungen wie in die Natur von Raum, Zeit und Materie, entdecken werden, dass das Bewusstsein die lang ersehnte Brücke zwischen der Wissenschaft und dem Geist ist.

Es mag dies den höchsten Wert des neuen Metaparadigmas darstellen. Bei der Erweiterung des Weltbildes und der Hinzunahme des Bewusstseins als Grundlage des Kosmos wird dieses neue Modell der Realität nicht nur die Anomalie des Bewusstseins überhaupt erklären, sondern auch die spirituelle Weisheit aller Zeitalter in zeitgemäße Begriffe fassen, wodurch wir inspiriert werden, uns der Selbst-Entdeckungsreise von Neuem zu widmen.

Höre, Freund!
Hierin lebt mein geliebter Meister.

KABIR

Wenn dies neue Weltbild zu einer persönlichen Erfahrung wird – ein Wechsel der Betrachtungsweise der Realität und nicht nur ein neues Verständnis von Realität –, wird sich unsere Welt auf nahezu unvorstellbare Weise verändern. Vor fünfhundert Jahren hat Kopernikus sämtliche Auswirkungen seines neuen Modells des Universums nicht vorhersehen können. Heute haben wir nur vage Vorstellungen davon, wie die Welt aussähe, wären die Generationen in dem Wissen darum aufgewachsen, dass das Bewusstsein primär und dass jede und jeder von uns heilig ist.

Eines dürfen wir jedoch schon jetzt sagen: Es wird eine viel freundlichere und weisere Welt sein; eine Welt, in welcher es ganz natürlich ist, Mitleid zu haben wie der heilige Franziskus, einsichtig zu sein wie Ramana Maharshi und weise zu sein wie der Dalai Lama. Befreit von vielen unserer Delusionen, Ängste und Bewertungen werden wir einander kein unnötiges Leid und Schmerzen mehr zufügen. Inneres Wohlbefinden und Glück werden die wahren Maßstäbe gesellschaftlichen Fortschritts sein.

Es wird, nachdem wir uns den Wind,
die Gezeiten und die Gravitationskräfte nutzbar
gemacht haben, der Tag kommen,
da wir uns für Gott die Liebe nutzbar machen.
Und an jenem Tag wird zum zweiten Mal
in der Weltgeschichte der Mensch das Feuer
entdeckt haben.

TEILHARD DE CHARDIN

Aus heutiger Sicht mag das wie der Himmel auf Erden klingen, aber haben nicht gerade die spirituellen Lehren diesen schon immer prophezeit? Wenn wir uns über unsere Denkfehler im Klaren sind, unser begrenztes Selbst-Gewahrsein transzendieren und die wahre Natur unseres Seins entdecken, dann wird die Dunkelheit dem Licht weichen. Wir werden die Errettung finden, nach der wir gesucht haben, und in unseren Herzen wird Friede sein.

Über den Autor

Peter Russell erwarb ein „honours degree“ in Physik und experimenteller Psychologie an der Universität von Cambridge, England, und einen Postgraduierten-Abschluss in Computerwissenschaften. Er studierte Meditation und östliche Philosophie in Indien und führte nach seiner Rückkehr Forschungen auf dem Gebiet der Neurophysiologie der Meditation an der Universität Bristol durch.

Als Verfasser und Dozent hat er die Potenziale des menschlichen Bewusstseins erforscht, indem er östliche Weisheiten in die Fakten der westlichen Wissenschaft integrierte, und trug die Entdeckungen und Einsichten in das Wesen des Bewusstseins, die globalen Veränderungen und die Evolution des Menschen weltweit vor.

Peter Russell war einer der Ersten, die der Geschäftswelt Persönlichkeitsentwicklungs-Schulungen anboten. Während der letzten 20 Jahre war er Berater für IBM, Apple, American Express, Barclays Bank, die schwedische Telekom, Nike, Shell, British Petroleum und andere Großkonzerne.

Zu seinen früheren Werken gehören „The TM Technique“, „The Brain Book“, „The Upanishads“, „The Global Brain Awakens“ und „Waking Up in Time“. Seine Video-Beiträge: „The Global Brain“ und „The White Hole in Time“ wurden mit Preisen ausgezeichnet.

Weiter Informationen zu Peter Russells Arbeiten finden Sie auf der Web-Seite: **www.peterussell.com**